JN059919

安倍晋三
MEMORIAL

飛鳥新社

目次

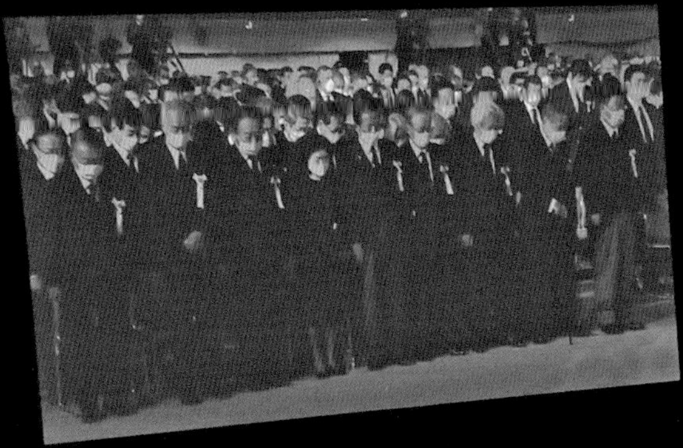

国葬
2022.9.27
日本武道館

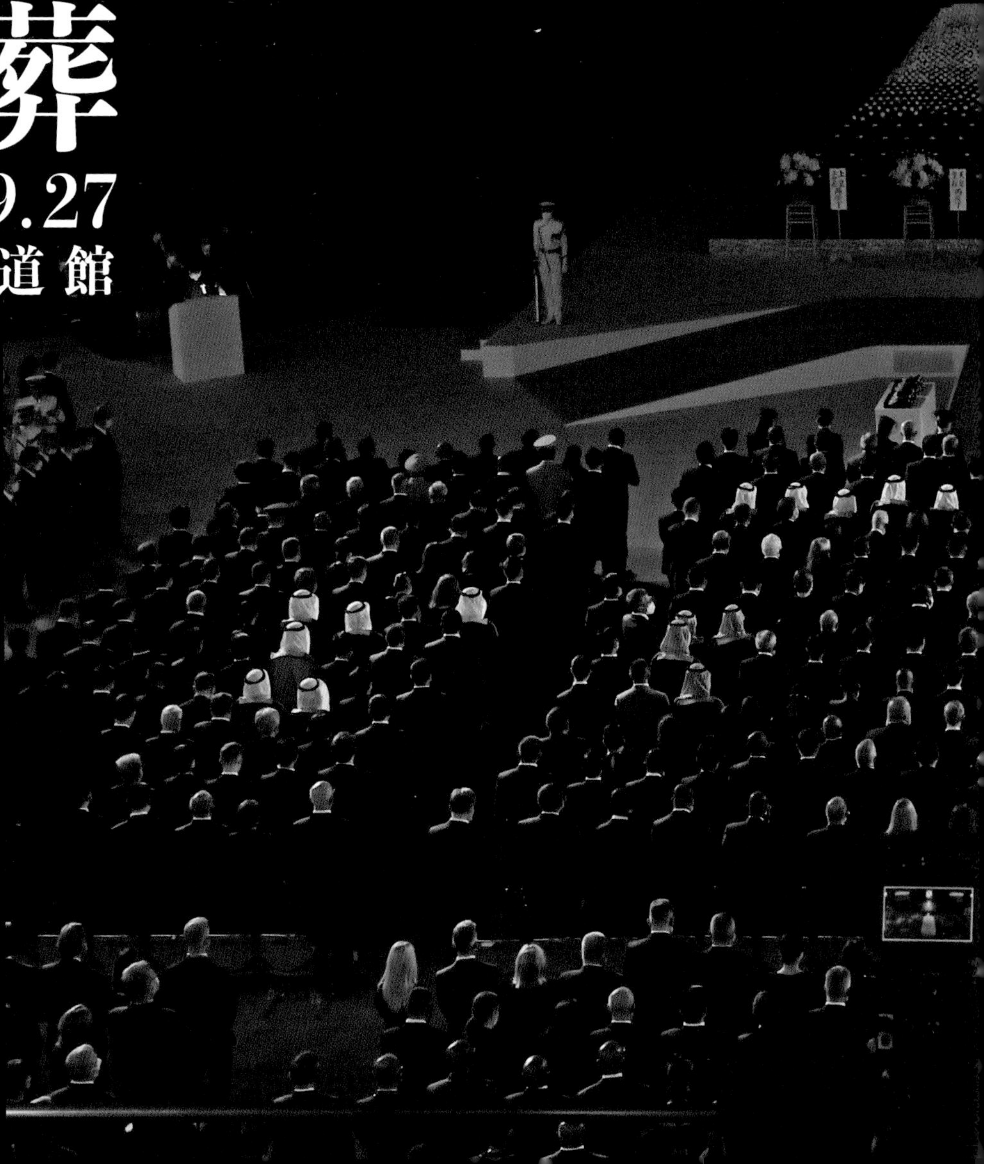

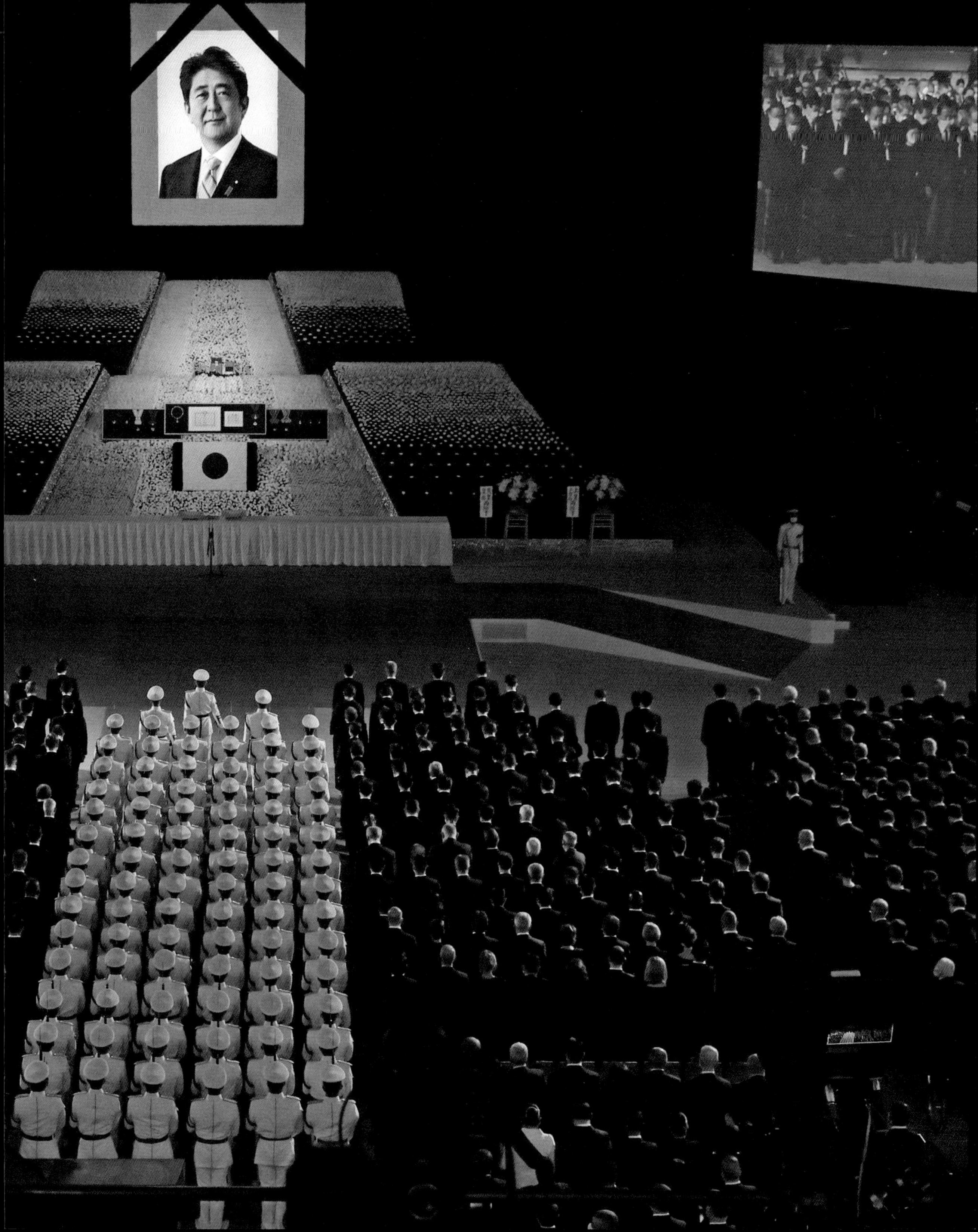

安倍元総理の遺骨を手に国葬会場に入る昭恵夫人

祭壇に献花

友人代表、菅義偉前総理の追悼の辞を聞いて、涙をぬぐう

追悼の辞を述べる岸田文雄総理

参列される秋篠宮殿下（前から2人目）ら皇族方

陸上自衛隊による弔砲

献花に向かう実弟の岸信夫首相補佐官

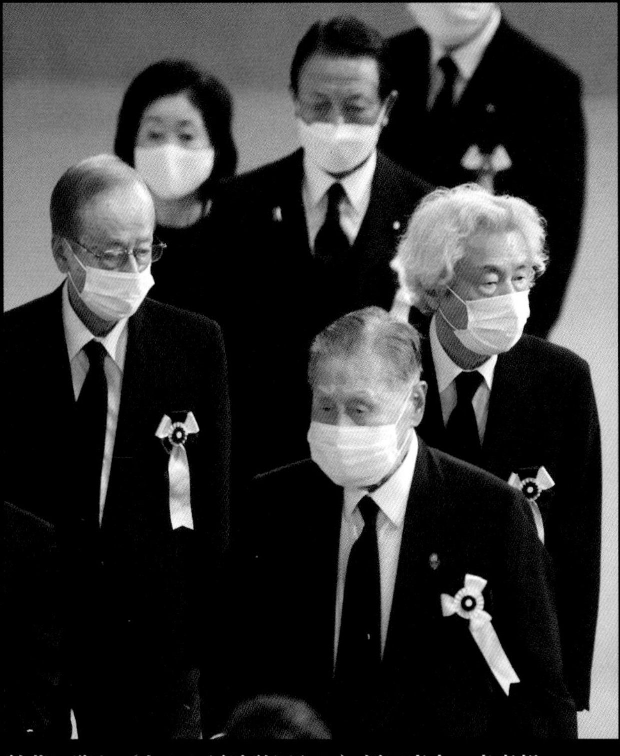

献花に臨む（左から反時計回りに）福田康夫、森喜朗、

麻生太郎、ちか子夫妻

献花する菅義偉前総理と真理子夫人

最も大切な国益とは何か。
日本には世界に誇るべき国柄があります。
息を呑むほど美しい田園風景。
日本には、朝早く起きて汗を流して田畑を耕し、
水を分かち合いながら五穀豊穣を祈る伝統があります。
自助自立を基本としながら、
不幸にして誰かが病に倒れれば村の人たちが
みんなで助け合う農村文化。
その中から生まれた社会保障制度。
これらの国柄を私は断固として守ります。
（２０１３年３月15日　記者会見）

拉致被害者家族・横田早紀江さん

インドのナレンドラ・モディ首相（左）とオーストラリアのアンソニー・アルバニージー首相（右）

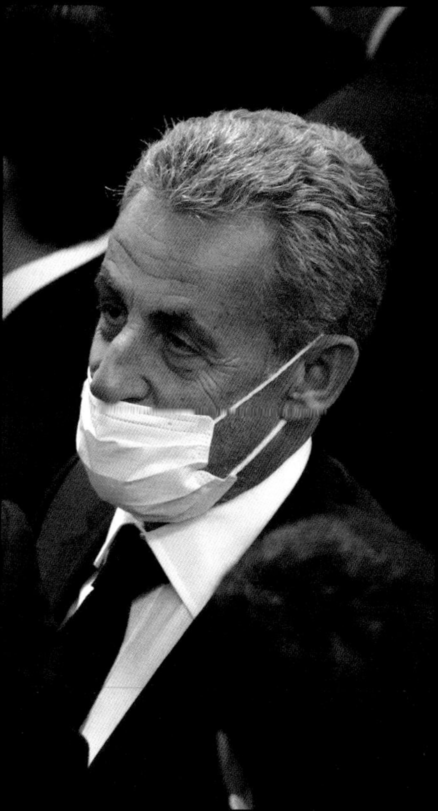

フランスのニコラ・サルコジ元大統領

イギリスのテリーザ・メイ元首相

ベトナムのグエン・スアン・フック国家主席

アメリカのカマラ・ハリス副大統領（左）

シャルル・ミシェル欧州理事会議長

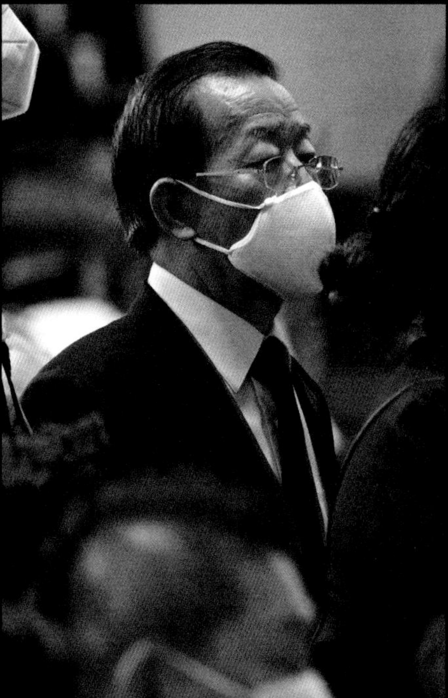

台湾の謝長廷台北駐日経済文化代表処代表

シンガポールのリー・シェンロン首相とホー・チン夫人

政治家・安倍晋三

2018年9月20日、自民党本部で行われた総裁選で勝利

26歳。父・晋太郎氏の選挙でマイクを手にする姿も初々しい

挑戦すると言えば言うほど、
「実現できるはずがない」という
「批判の嵐」であります。
しかし、批判があるということは、
新しいことに
挑戦している証であります。
「挑戦」には、批判は避けられません。
（2016年4月6日　国家公務員合同初任
研修開講式安倍内閣総理大臣訓示）

1993年7月、父の地盤を引き継ぎ、第40回衆議院選挙に山口1区から出馬

初出馬の選挙カーからも熱く声かけ

見事、初出馬で初当選

外務大臣秘書官時代、中曽根康弘、蔦子夫妻と

官房副長官時代、小泉純一郎総理と

2006年9月26日、第1次安倍内閣スタート

2012年12月26日、第2次安倍内閣スタート

2014 年 3 月 28 日、
首相官邸の庭で桜を
眺める

2012年12月26日、天皇陛下が新首相に任命

２００２年10月、拉致被害者５人が家族と抱き合い、
喜び合っていたそばに、横田さんご夫妻がいた。
その場にめぐみさんの姿はなく、
家族会会長だった滋さんは泣きながら
カメラのシャッターを切っていた。
どれほど悲しかったことか。
「北朝鮮に残された方々を取り返すことこそ、
私の使命だ」、と心に強く誓った。
（２０１９年５月１日　夕刊フジ）

2014年6月10日、衆議院第一議員会館で開催された横田めぐみさんの写真展を横田滋、早紀江夫妻と

2013年7月4日、福島市での街頭演説

2016年7月10日、参院選の勝利の結果を受けて高村正彦副総裁と

2019年1月23日、ダボス会議に出席するため、チューリッヒ中央駅を出発。車窓の外は一面の雪景色

2015年5月16日、和歌山県高野山を訪れて、二階俊博と握手

私たち日本人は、平和と、人権と、
民主主義を尊ぶ、心根の優しいサービスを、
高い練度において確立しました。
それが日本の達成。日本は正当な自信を持つべきです。
（2014年4月17日　ジャパンサミット2014）

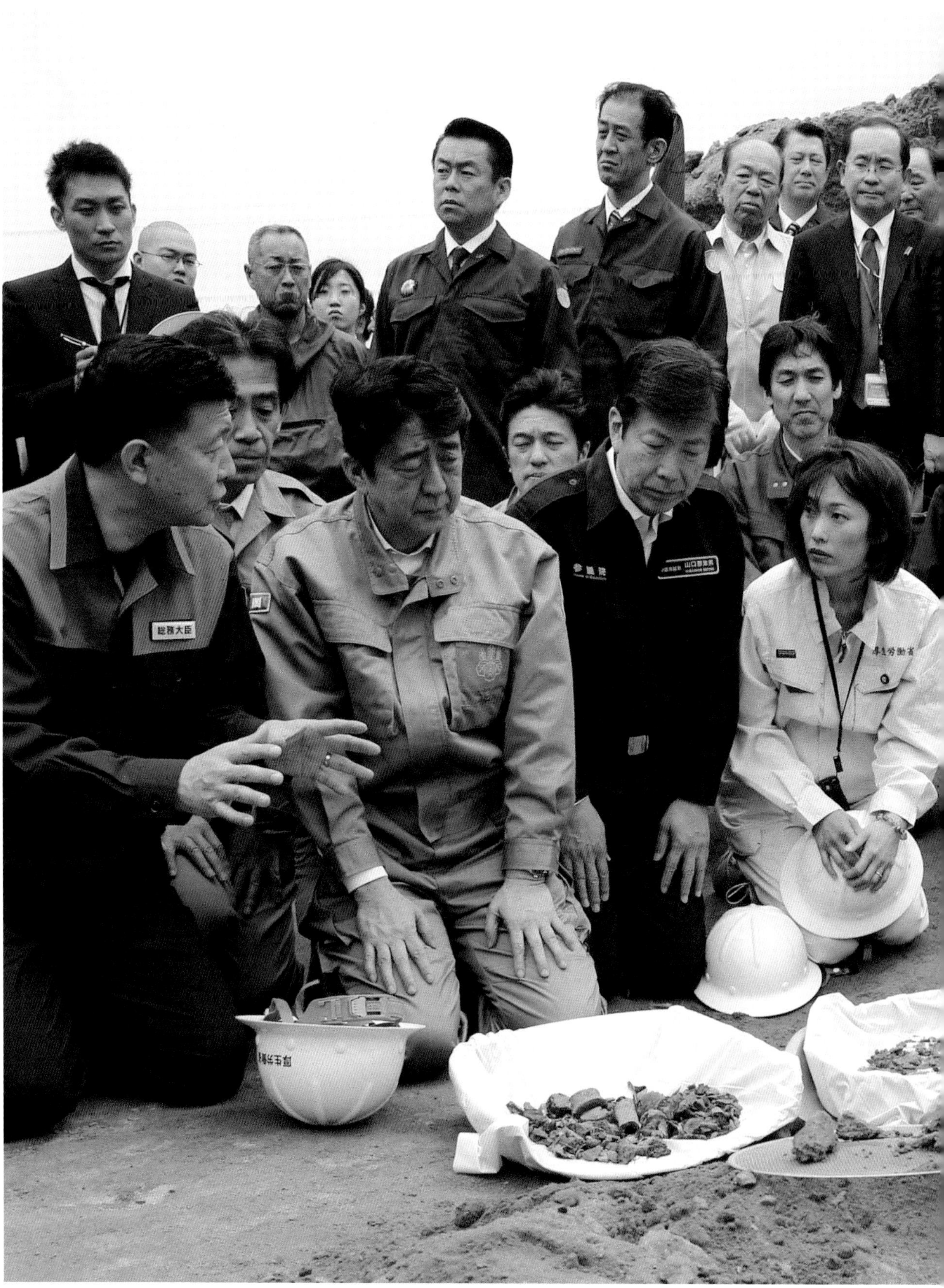

2013年4月14日、硫黄島で戦没者の遺骨を回収する長期的な政府プロジェクトの現場を視察。
左は説明する新藤義孝総務大臣

はぎさわ

2018年1月14日、リトアニア・カウナスの杉原千畝記念館を訪れ、「命のビザ」のコピーなどの展示パネルを、昭恵夫人と視察

2018年9月20日、自民党本部にて

2016年9月4日、G20、ASEAN関連首脳会議に出席するため中国・ラオスに向かう前、麻生太郎副総理と

2015年5月1日、カリフォルニア州ロサンゼルスの全米日系人博物館で行われたレセプションに出席

日本は、一度失敗した人たちにも、
チャンスがあふれる国にしなければなりません。
一番成功する可能性が高い人間は、
一度失敗した人間です。
失敗した人間は、何を改めれば良いか、
わかっているからです。
（２０１４年５月６日　ＯＥＣＤ閣僚理事会総理基調演説）

2019年12月2日、参院本会議が始まる前に

2017年4月17日、「GINZA SIX」のオープニングセレモニーで小池百合子東京都知事と談笑

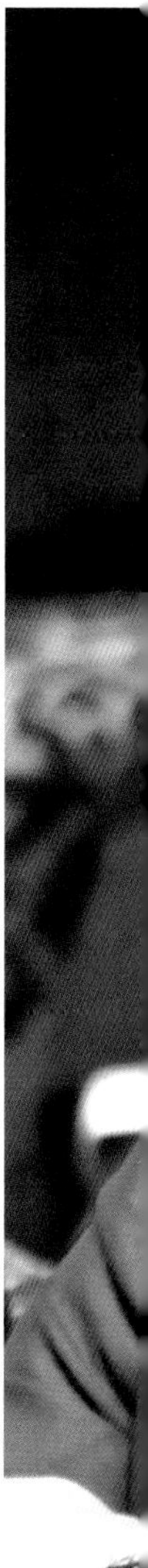

2016年9月29日、衆院予算委員会前、菅義偉官房長官の携帯を見て笑顔を見せる

2017年10月23日、衆議院選挙から
一夜明けての記者会見を終えて

Democratic Party

2019年10月22日、皇居で行われた即位礼正殿の儀にて万歳三唱

寿詞（よごと）を述べる

2018年12月17日、皇居・宮殿「連翠」での昼食会

2020年1月9日の昼食会

2017年5月26日、G7タオルミーナ・サミット出席のため、二人でイタリアへ

G7 2017
TAORMINA
26 - 27 MAY 2017

2018年8月31日、山梨県鳴沢村にある日本財団笹川陽平会長の山荘に集まった（左から）小泉純一郎、森喜朗元総理、安倍総理、麻生太郎元総理、岸田文雄政務調査会長

9月1日、この4人揃って初めてのゴルフ

2018年5月26日、平昌冬季五輪フィギュアスケート女子金メダルのアリーナ・ザギトワ選手に贈呈した秋田犬

2019年9月20日、ラグビー日本代表のジャージに身を包んだ（左から）麻生太郎副総理、萩生田光一文部科学大臣とW杯日本大会開幕戦、日本vsロシアを観戦

もう議論は十分です。とにかく実行に移します。
（2013年5月17日　成長戦略第3弾スピーチ）

2020年4月27日、新型コロナウイルスの感染拡大を受けた2020年度補正予算案の審議で質疑を聞く。ちょっとお疲れか

自衛隊最高指揮官
内閣総理大臣 安倍晋三

2014年10月26日、自衛隊創設60周年記念航空観閲式で、自衛隊員たちを前に

2015年10月18日、護衛艦「くらま」にて

2013年5月12日、航空自衛隊松島基地で、機体番号「731」の練習機、操縦席に

2020年2月2日、中東へ派遣される護衛艦「たかなみ」の艦内を視察

2016年10月23日、陸上自衛隊観閲式で

2015年10月18日、護衛艦「くらま」の艦上から麻生副総理と演習を観閲

国葬の日、防衛省に到着し、自衛隊幹部らの見送りを受ける安倍総理の遺骨をのせた車

「闘う政治家であらねばならない」
私は初当選以来、このような決意を
抱いて政治家を続けてきました。

（『文藝春秋』２０２２年２月号「安倍晋三独占インタビュー～危機の指導者とは」）

世界の「シンゾー」

2015年4月29日、アメリカの上下両院合同会議で演説。終了後はスタンディングオベーション

IN GOD WE TRUST

2017年、埼玉県の「霞ヶ関カンツリー倶楽部」で
プレー中、バンカーですってんころりん

2019年5月26日、千葉県の「茂原カントリー倶楽部」で

一番上は安倍総理の自撮り。下三枚はSNSに投稿されたスマホアプリ「SNOW」で加工した写真

六本木の炉端焼き店「六本木　田舎家」で夕食

2017年2月10日、トランプ米大統領とホワイトハウスで行われる共同記者会見に向かう

ゴルフも一緒にプレーする予定であります。
…私のポリシーは Never up, never in。
常に狙っていく。
「きざむ」という言葉は私の辞書にはありません。
もちろんこれは、ゴルフに限ったことであります。
（2017年2月10日　日米共同記者会見）

共同記者会見を終えて

2016年11月17日、NYのトランプタワーで大統領選に勝利したトランプ氏と初会談

日本の総理大臣はアメリカの首脳と
信頼関係を構築する義務を
負っていると思います。
（『中央公論』２０１９年６月号）

2017年2月10日、ホワイトハウスで初の首脳会談

2019年5月26日、来日したトランプ大統領が両国国技館で大相撲夏場所千秋楽を観戦。初優勝を果たした朝乃山に米国大統領杯を渡す

2014年4月30日、ベルリンの首相官邸で行われた歓迎セレモニーで笑顔を見せるドイツのアンゲラ・メルケル首相と

2015年9月30日、ジャマイカ・キングストンにあるシンプソン＝ミラー首相公邸の歓迎夕食会でダンス

日本が、再び世界の中心に戻ってきた。
（２０１４年６月５日　ベルギーでの内外記者会見）

2016年5月5日、ロンドンのバッキンガム宮殿で、英女王エリザベス2世に謁見

2016年5月26日、伊勢志摩サミットにて

ITALY
UNITED STATES

伊勢神宮内宮を訪問し、参道を歩く各国首脳

伊勢神宮内宮入り口にある宇治橋にて

2016年5月27日、広島市の平和記念公園で

2014年4月23日、銀座の寿司屋「すきやばし次郎」にて

米国が世界に与える最良の資産、
それは、昔も今も、将来も、希望であった。
希望である。希望でなくてはなりません。
私たちの同盟を、「希望の同盟」と呼びましょう。

（2015年4月29日　米国連邦議会上下両院合同会議における
安倍内閣総理大臣演説）

2017年12月24日、日本橋三越本店で
開かれた「2017年報道写真展」で

Nikon
D5
Nikon D5
Nikon D5

2019年9月19日、首相官邸でニュージーランドのジャシンダ・アーダーン首相と会談に臨む

2017年1月14日、オーストラリアのマルコム・ターンブル首相とシドニー湾を散策

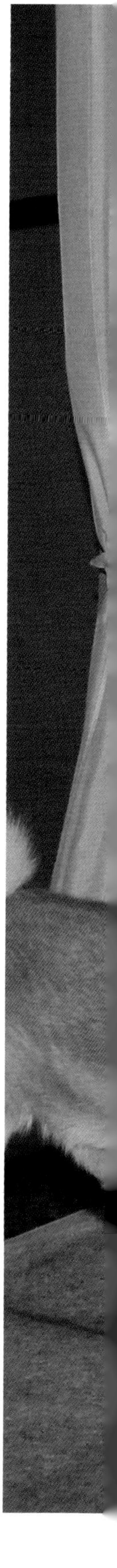

2014年2月8日、愛犬ユメとプーチン大統領

2016年8月21日、リオデジャネイロ五輪の閉会式で行われた東京への引き継ぎ式で、マリオに扮して土管からサプライズ登場

強いインドは日本のためになる。
強い日本はインドのためになる。
（２０１７年９月14日　日印首脳会談）

2017年9月13日、インドでモディ首相の歓迎を受ける

2016年12月27日、真珠湾攻撃を生き延びた元米兵をねぎらう

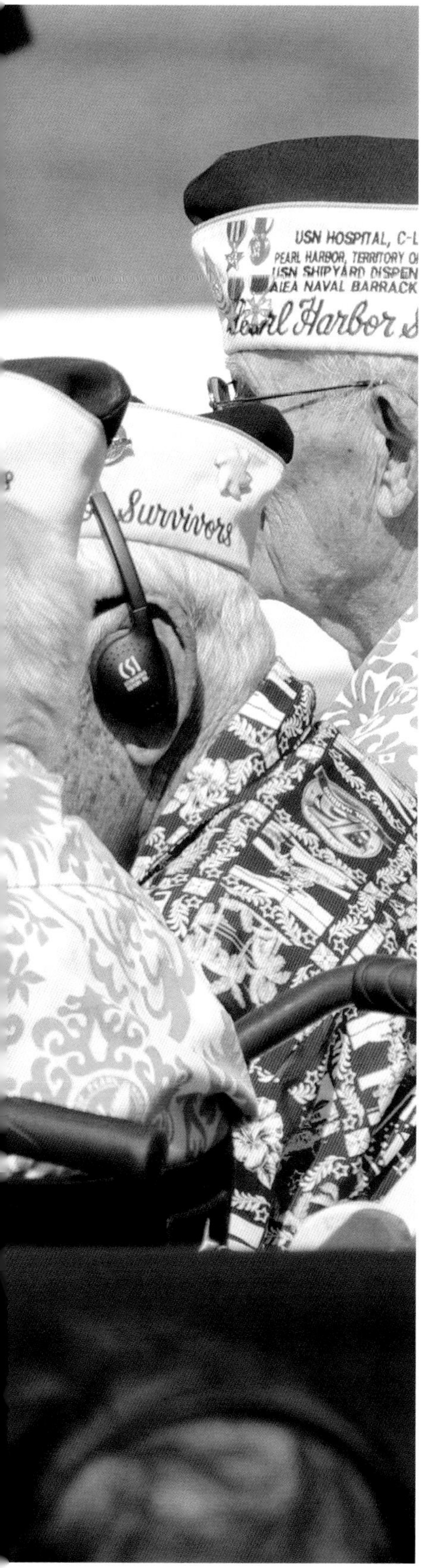

真珠湾にて、追悼施設「アリゾナ記念館」（右奥）を訪問後、演説

2018年6月9日、G7シャルルボワ・サミットでトランプ米大統領の前のテーブルに手をついて詰め寄るメルケル独首相

2010年10月31日、訪台して李登輝元台湾総統と会談

私も前を向いて、攻め続けていく。
どんなに困難な課題であっても、
前向きに挑戦し、
必ずや結果を出していく。

（2017年9月20日　NY証券取引所における経済スピーチ）

2019年8月26日、フランスのビアリッツで開催されたG7サミットでボリス・ジョンソン英首相と

2019年11月25日、首相官邸でローマ教皇フランシスコと握手

2019年6月12日、イランのテヘランでロウハニ大統領と歓迎式典に出席

2020年1月12日、サウジアラビアのリヤドで、ムハンマド・ビン・サルマン皇太子と

2019年10月21日、迎賓館でウクライナのゼレンスキー大統領と。さすがにTシャツではなかった

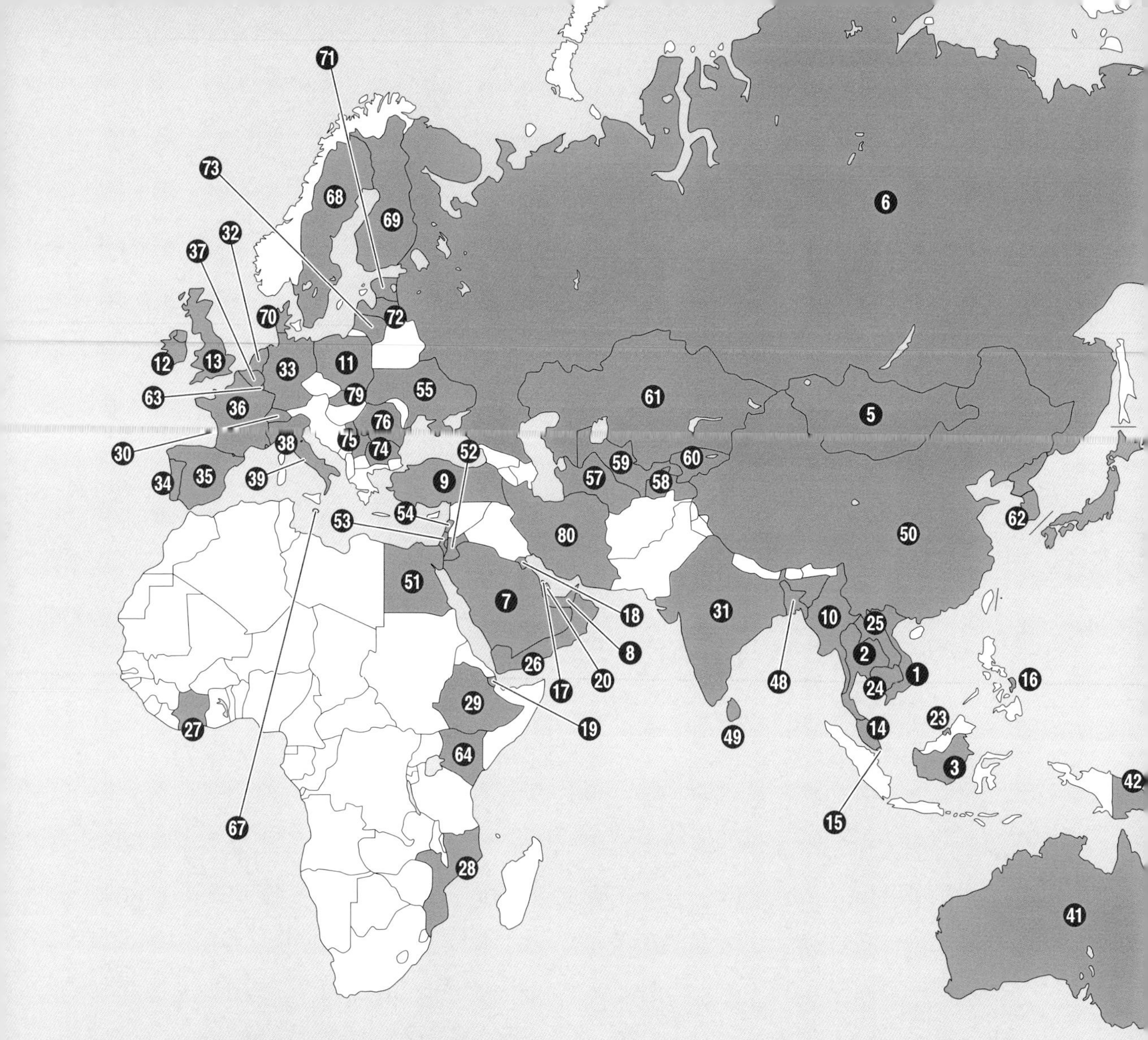

※安倍内閣(第二次〜)訪問国・地域:80　地図は外務省HPを参照し作成

番号	国名	訪問日
①	ベトナム	2013年1月16日
		2017年1月16日〜17日
		11月9日〜11日
②	タイ	2013年1月17日
		2019年11月4日
③	インドネシア	2013年1月18日
		10月7日〜8日
		2015年4月21日〜23日
		2017年1月15日〜16日
④	米国	2013年2月22日
		9月24日〜28日
		2014年9月22日〜26日
		2015年4月26日〜5月3日
		9月26日〜9月30日
		2016年3月31日〜4月1日
		9月18日〜22日/11月17日
		12月26日〜12月27日
		2017年2月9日〜2月13日
		9月18日〜22日
		2018年4月17日〜20日
		6月7日
		2018年9月23日〜28日
		2019年4月26日〜27日
		2019年9月23日〜25日、28日
⑤	モンゴル	2013年3月30日〜31日
		2015年10月22日
		2016年7月14日〜16日
⑥	ロシア	2013年4月28日〜29日
		2013年9月5日〜6日
		2014年2月7日〜8日
		2016年5月6日
		9月2日〜3日
		2017年4月27日
		2017年9月6日〜7日
		2018年5月24日〜26日
		2018年9月10日〜13日
		2019年1月22日
		2019年9月5日
⑦	サウジアラビア	2013年4月30日〜5月1日
		2020年1月12日〜13日
⑧	アラブ首長国連邦	2013年5月1日〜2日
		2018年4月29日〜30日
		2020年1月13日
⑨	トルコ	2013年5月2日〜3日
		10月28日〜29日
		2015年11月13日〜16日
⑩	ミャンマー	2013年5月24日〜26日
		2014年11月12日
⑪	ポーランド	2013年6月15日〜16日
⑫	アイルランド	2013年6月18日〜19日
	(北アイルランド)	2013年6月17日〜18日
⑬	英国	2013年6月19日
		2014年5月1日〜2日
		2016年5月5日
		2017年4月28日
		2019年1月10日
⑭	マレーシア	2013年7月25日〜26日
		2015年11月20日〜22日
⑮	シンガポール	2013年7月26日
		2014年5月30日〜31日
		2015年3月29日
		2016年8月25日
		2018年11月14日〜15日
⑯	フィリピン	2013年7月26日〜27日
		2015年11月18日〜19日
		2017年1月12日〜13日
		11月12日〜14日
⑰	バーレーン	2013年8月24日〜25日
⑱	クウェート	2013年8月26日
⑲	ジブチ	2013年8月27日
⑳	カタール	2013年8月28日
㉑	アルゼンチン	2013年9月6日〜7日
		2016年11月21日
		2018年11月30日〜12月1日
㉒	カナダ	2013年9月24日
		2018年6月8日〜6月9日
		2019年4月28日
㉓	ブルネイ	2013年10月9日〜10日
㉔	カンボジア	2013年11月16日
㉕	ラオス	2013年11月17日
		2016年9月6日〜9日
㉖	オマーン	2014年1月9日〜10日
		2020年1月14日
㉗	コートジボワール	2014年1月10日〜11日
㉘	モザンビーク	2014年1月11日〜13日
㉙	エチオピア	2014年1月13日〜14日
㉚	スイス	2014年1月21日〜23日
		2019年1月23日

地球儀を俯瞰する外交

㉛	インド	2014年 1月25日～27日
		2015年12月11日～13日
		2017年9月13日～15日
㉜	オランダ	2014年3月23日～26日
		2019年1月9日
㉝	ドイツ	2014年4月29日～30日
		2015年6月7日～8日
		2016年5月4日
		2017年3月19日～20日
		7月7日～8日
㉞	ポルトガル	2014年5月2日
㉟	スペイン	2014年5月4日
		2018年10月16日
㊱	フランス	2014年5月5日～7日
		2015年11月29日～12月1日
		2016年5月2日
		2017年3月20日～21日
		2018年10月17日～18日
		2019年4月23日
		2019年8月24日～26日
㊲	ベルギー	2014年5月6日～7日
		2014年6月4日～5日
		2016年5月3日
		2017年3月21日/7月5日～6日
		2018年10月18日
		2019年4月25日
		2019年9月27日
㊳	イタリア	2014年6月6日
		2014年10月15日～18日
		2016年5月2日
		2017年3月21日
		2017年5月26日～27日
		2019年4月23日～24日
㊴	バチカン	2014年6月6日
㊵	ニュージーランド	2014年7月7日～8日
㊶	豪州	2014年7月8日～9日
		11月16日
		2017年1月13日～15日
		2018年11月16日～17日
㊷	パプアニューギニア	2014年7月10日～11日
		2018年11月18日
㊸	メキシコ	2014年7月27日
㊹	トリニダード・トバゴ	2014年7月29日～30日
㊺	コロンビア	2014年7月30日
㊻	チリ	2014年8月1日
㊼	ブラジル	2014年8月2日
		2016年8月21日
㊽	バングラデシュ	2014年9月6日
㊾	スリランカ	2014年9月7日
㊿	中国	2014年11月9日～17日
		2016年9月4日～5日
		2018年10月25日～27日
		2019年12月24日
51	エジプト	2015年1月16日～17日
52	ヨルダン	2015年1月17日～18日
		2018年5月1日
53	イスラエル	2015年1月18日～20日
		2018年5月2日
54	パレスチナ自治区	2015年1月20日
		2018年5月2日
55	ウクライナ	2015年6月5日～6日
56	ジャマイカ	2015年9月30日～10月1日
57	トルクメニスタン	2015年10月23日
58	タジキスタン	2015年10月24日
59	ウズベキスタン	2015年10月25日
60	キルギス	2015年10月26日
61	カザフスタン	2015年10月27日
62	韓国	2015年11月1日～2日
		2018年2月9日～10日
63	ルクセンブルク	2015年12月1日～2日
64	ケニア	2016年8月27日～28日
65	キューバ	2016年9月22日～24日
66	ペルー	2016年11月18日～20日
67	マルタ	2017年5月27日
68	スウェーデン	2017年7月9日
69	フィンランド	2017年7月10日
70	デンマーク	2017年7月10日
71	エストニア	2018年1月12日
72	ラトビア	2018年1月13日
73	リトアニア	2018年1月13日～14日
74	ブルガリア	2018年1月14日～15日
75	セルビア	2018年1月15日
76	ルーマニア	2018年1月16日
77	ウルグアイ	2018年12月2日
78	パラグアイ	2018年12月2日
79	スロバキア	2019年4月25日
80	イラン	2019年6月12日～13日

NY

人間・安倍晋三

1957年7月7日、訪米を終えて静養中、神奈川県箱根宮ノ下の奈良屋の庭園で家族とくつろぐ岸信介首相。右から安倍晋太郎、晋太郎の長男寛信。洋子夫人、岸首相夫人の良子、左端が晋三

岸邸応接室で遊ぶ寛信（右）と晋三

三輪車をこぐ。3歳のころ

私は午年生まれであります。
素晴らしいプレゼントを
いただきました。
政治家で午年生まれは、
小泉総理大臣と
中曽根総理大臣でありまして、
二人の特徴は何かといえば、
総理大臣を長く
務めたということになります。
私は午年でありますが、
私の妻は寅年でありまして、
常に私は妻に
従うことにしております。
（2014年5月1日　英ロンドンの
金融街シティ主催歓迎晩餐会）

1956年の安倍一家。左から母・洋子、当時2歳の晋三、父・晋太郎、兄・寛信

（右から）兄・寛信、岸信介、トウモロコシをかじる晋三、良子夫人

兄・寛信に抱っこされる晋三

弟・信夫（左）と大笑い

小学校の遠足

青海島での家族写真。左から父・晋太郎、寛信、晋三、信夫、母・洋子

成蹊大学時代は
アーチェリー部

大学時代の友人たちと

神戸製鋼時代。加古川製鉄所で同僚と

祖母・良子、父・晋太郎と屋台で一杯？

1988年1月16日、安倍晋太郎が自民党幹事長に就任後初めて地元下関市役所を訪れ、泉田芳次市長（左）と懇談。晋三は秘書として同席した

東京、渋谷南平台の自宅で両親、兄・寛信と

1987年6月9日、東京の新高輪プリンスホテルで行われた晋三と昭恵の結婚披露宴。媒酌人の福田赳夫元首相（左から3人目）、父親の安倍晋太郎と洋子夫人（同2人目）

家内はある意味、度胸があると言いましょうか、
「自分のためではなく、
出馬することが本当に国のためになるのであれば、
決めたらいいんじゃないの。
結果は運命として受け入れるしかないんじゃない」
と言ってくれました。
（『日本よ、世界の真ん中で咲き誇れ』）

結婚記念写真

披露宴で踊る二人

1990年頃。ハワイで盟友・中川昭一、郁子夫人と

3

新婚ほやほや

ハワイで

沖縄で

オーストラリアで。左端は加藤康子さん

下関では支援者と毎年クリスマスパーティーを

苗場でスキー

若い時からゴルフ好き

歴代総理の顔ぶれ、特に私の地元である長州の先輩方の写真を見るたびに「晋三、しっかりやっとるか！」と叱咤激励されているような気がします。「この先人たちに恥じない政治をしなければ」と改めて思いますね。

（月刊『Ｈａｎａｄａ』２０２０年２月号）

2014年4月18日、地元企業の視察で訪れた大阪で串カツを堪能

私は6年前に一度、
政治生命をほぼ失った、
いわば政治家としては
一度死んだ人間なんです。
日本の未来が
脅かされている状態を
黙って見ているわけには
いかなかった。
(『日本よ、世界の真ん中で咲き誇れ』)

2006年11月26日、渋谷の書店で本を選ぶ。読書家だった

2016年8月16日、河口湖の別荘で母・洋子と朝食

2018年2月4日、見たかったお正月映画『嘘八百』を鑑賞

2022年3月5日、伊勢神宮参拝

2018年8月13日、ふるさと下関の長府商店街でかき氷。
「やっぱり夏はこれですね」

2014年11月27日、北海道で味噌ラーメンを堪能

2012年4月30日、相模湖から登山中に小休止

2022年6月14日、母・洋子の94歳の誕生日。久々に三兄弟が集まった

政治は歴史に謙虚でなければなりません。
政治的、外交的な意図によって
歴史が歪められるようなことは
決してあってはならない。

（2015年8月14日　総理記者会見：戦後70年談話）

2021年12月24日、公式YouTubeチャンネル「あべ晋三チャンネル」で
60年ぶりというピアノ演奏を披露。曲は「花は咲く」

2017年2月24日、プレミアムフライデーに座禅を組む

昭恵さんが撮った「晋ちゃん」

昭恵さんは高校時代、写真部だった

愛犬ロイと。ロイは2021年、19歳半になるまで生きた

たまには麻雀卓を囲むことも。ちょっと相手の牌を見る

珍しい総理の運転姿

おみくじを引く。結果は……？

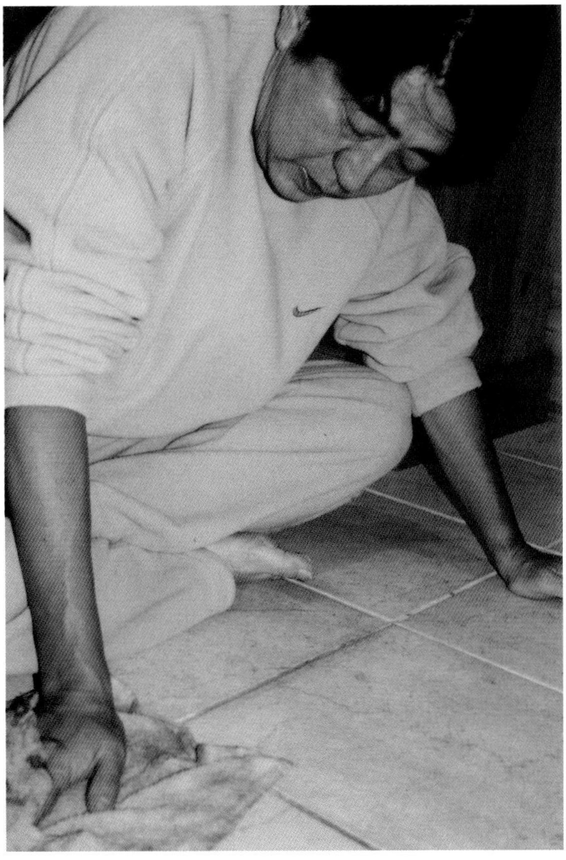

別荘に着いたら、まず雑巾がけ！

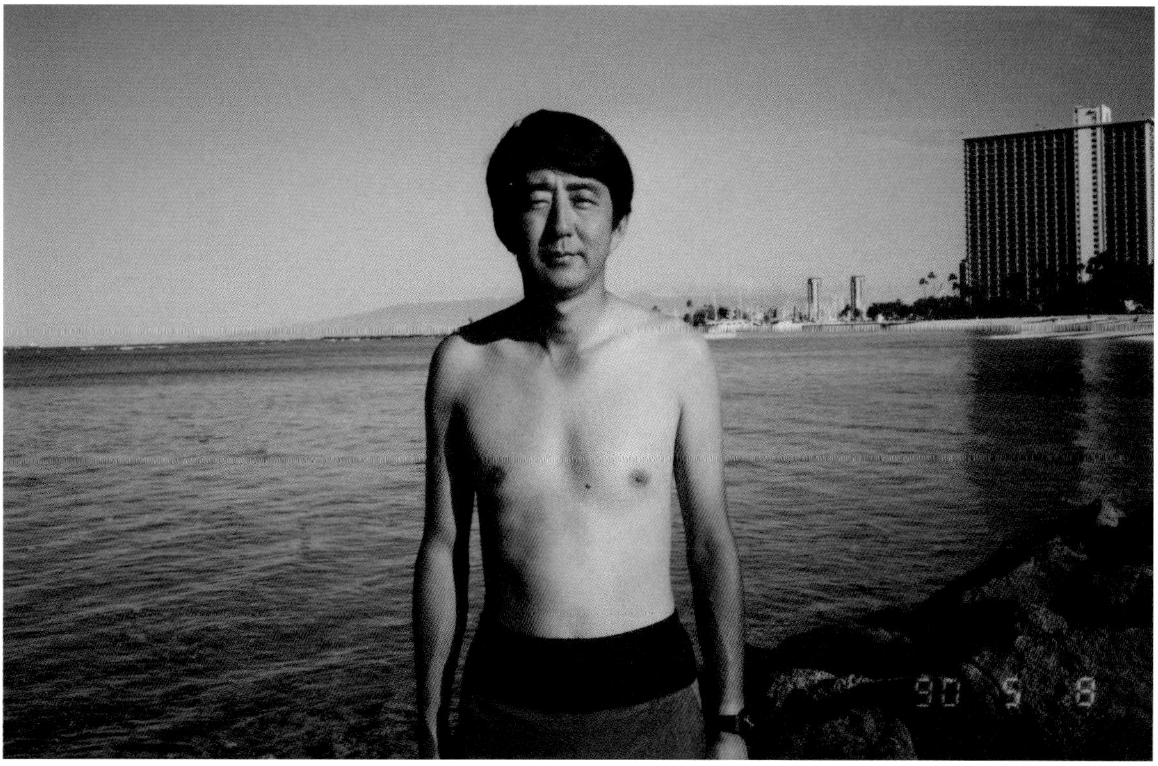

ハワイで

たまには葉巻を燻らすことも

妻だけに見せた、総理渾身の“変顔”

毛筆の練習中

巣箱を設置、鳥はくるかな？

薪を割るのが好きだった

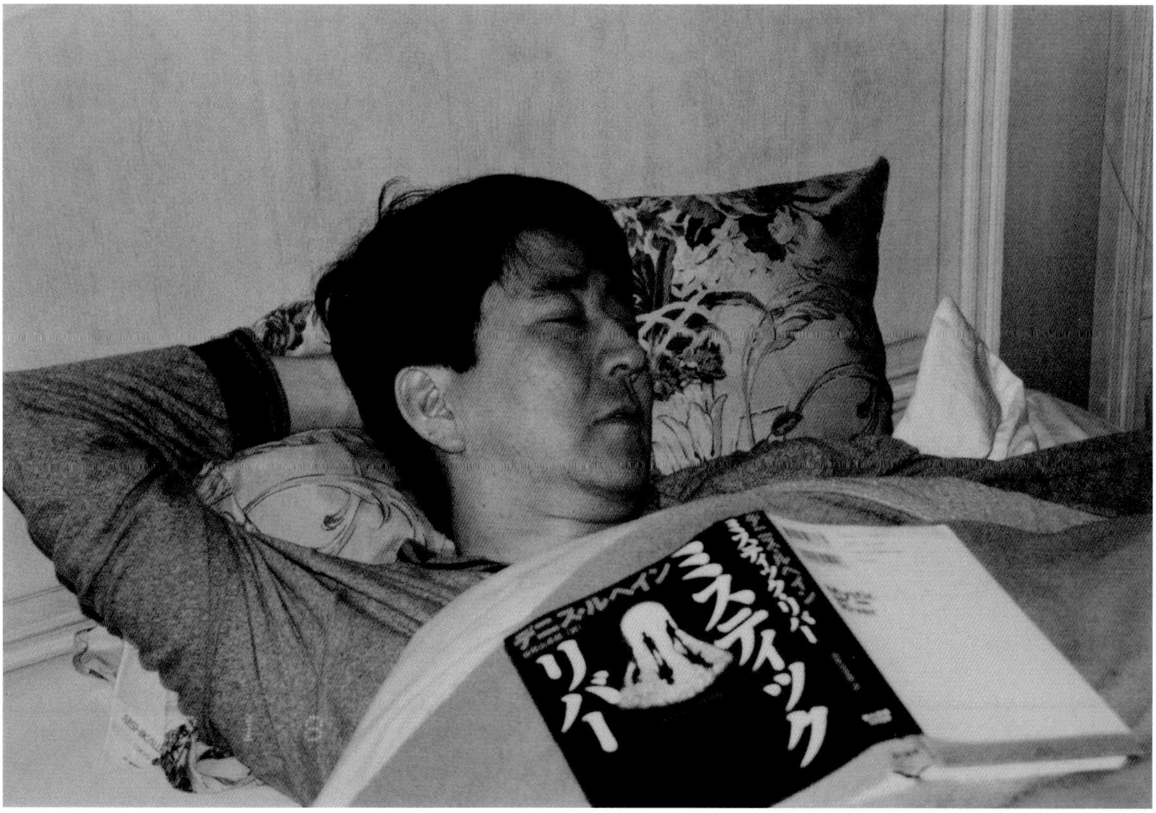

冬の夜長にミステリー

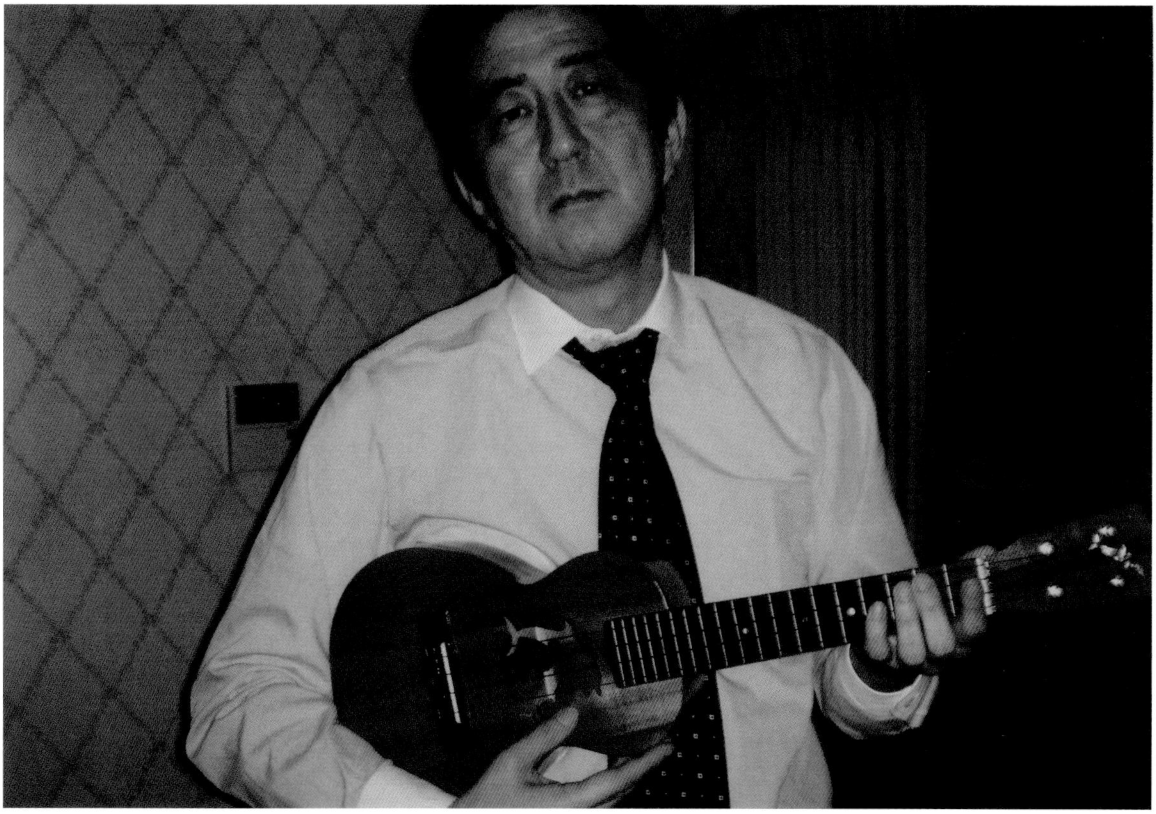
ウクレレもお手の物？

甥の信千世、智弘兄弟とテレビゲームを楽しむ

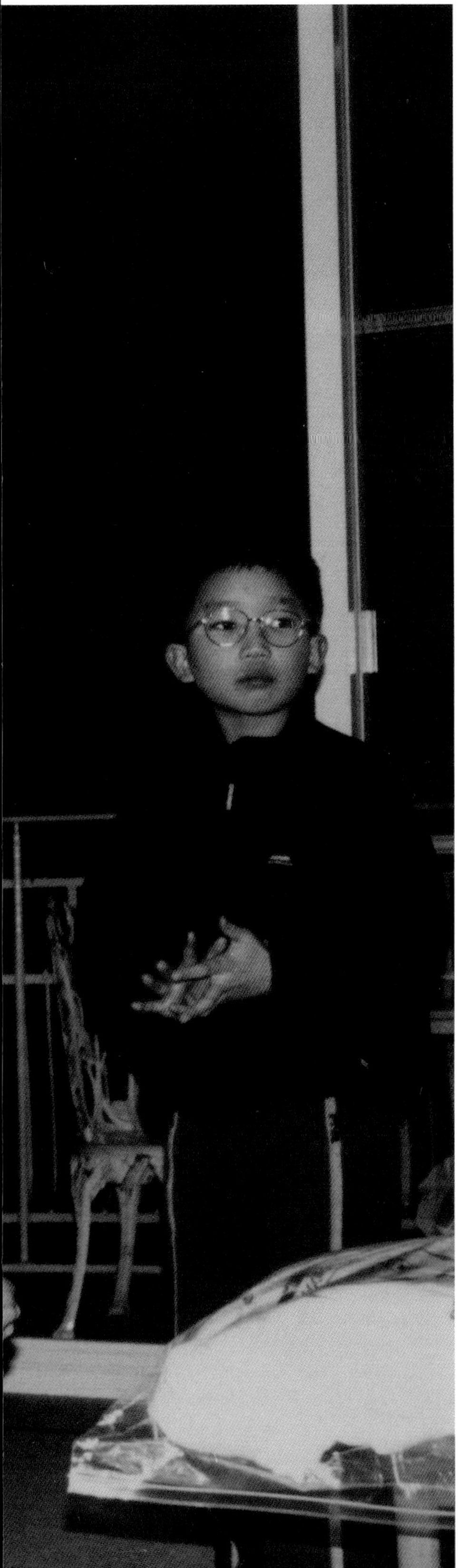

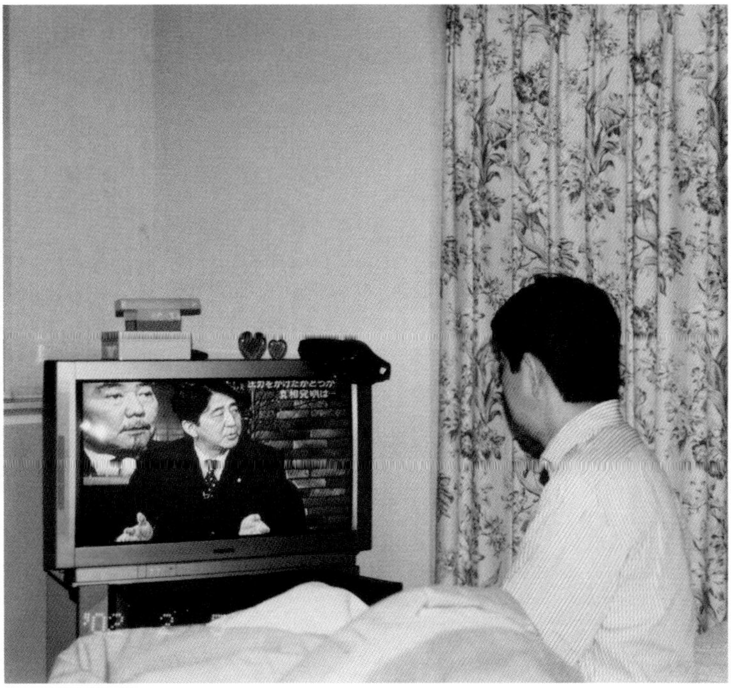

テレビの自分を見て何を思う？

締めは得意の焼そば？

2013年5月5日、国民栄誉賞の表彰式で、長嶋茂雄氏と松井秀喜氏から背番号96のユニホームを贈られた

みんな安倍さんが大好きだった

長嶋さんは戦後最高のスーパースターだ。
本来であればもっと早く決定すべきだった。
松井さんは日米でともに愛された野球選手だ。
（国民栄誉賞授賞理由）

国民栄誉賞表彰式後の記念撮影

表彰式後、巨人―広島戦の始球式でストライクを宣告！

2018年12月20日、日本プロスポーツ大賞を受賞した大谷翔平からユニホームを贈られる

2018年7月2日、国民栄誉賞を受賞した羽生結弦に盾を手渡す

2018年4月26日、首相官邸で行われた「平昌オリンピック・パラリンピック日本代表選手団」の懇親会にて

「天は二物を与えず」と言いますが、
打ってよし、投げてよし、走ってよし。
トランプ大統領と会談した際に食事をしていたら
「大谷選手はすごいな」と言われました。
人気の秘訣は「いい男」だなと。
アメリカでも〝日本男児、ここにあり〟と
示してくれた。日本人として誇りに思います。

（2018年12月20日、内閣総理大臣杯 日本プロスポーツ大賞受賞式）

2016年10月20日、国民栄誉賞表彰式で、記念品の帯を受け取るレスリングの伊調馨

2017年4月15日、桜を見る会でももいろクローバーZの決めポーズ

2006年11月3日、天皇陛下から文化勲章を手渡される小説家の瀬戸内寂聴さん

2018年2月13日、国民栄誉賞表彰式で、盾を受け取る将棋の羽生善治竜王

同じく囲碁の井山裕太七冠

2014年4月25日、首相官邸にてソチオリンピック・パラリンピック入賞者への記念品贈呈式が行われた。
（左から）安倍総理、橋本聖子日本選手団長、浅田真央、高橋成美

2016年10月6日、首相官邸で行われたリオデジャネイロオリンピック・パラリンピック選手団との懇親会で、
卓球の福原愛と談笑

郵便はがき

63円切手をお貼りください

101-0003

東京都千代田区一ツ橋2-4-3
光文恒産ビル2F

(株)飛鳥新社　出版部　読者カード係行

フリガナ ご氏名	性別　男・女 年齢　　歳
フリガナ ご住所〒 TEL　　（　　　）	
お買い上げの書籍タイトル	
ご職業　1.会社員　2.公務員　3.学生　4.自営業　5.教員　6.自由業 7.主婦　8.その他（　　　　　　）	
お買い上げのショップ名　　所在地	

★ご記入いただいた個人情報は、弊社出版物の資料目的以外で使用することはありません。

日本代表選手との交流会に出席。（左から）桐生祥秀、ケンブリッ
荒井広宙

2019年12月11日、ラグビーW杯日本代表のリーチ・マイケル主将（右から2人目）らから記念品を贈られる

2011年2月16日、正論大賞贈呈式で大賞を受賞した櫻井よしこさんと

葛西さんに病床で
「日本の将来を頼みます」と仰っていただいた。
その最後の言葉を胸に、国政に全力で邁進します。
（2020年6月15日　葛西敬之氏の葬儀での弔辞）

2018年10月7日、ノーベル生理・医学賞の受賞が決まった本庶佑京都大学特別教授と談笑

2015年4月30日、ノーベル生理学・医学賞を受賞した山中伸弥京大名誉教授と日本人研究者を激励

2014年2月17日、第29回正論大賞を受賞した葛西敬之JR東海会長と贈呈式で

2013年11月3日、文化勲章の親授式を終え、記念写真の撮影前に高倉健さんと談笑

2013年10月17日、東京国際映画祭のレッドカーペットで、トム・ハンクス、役所広司と

2015年4月30日、カリフォルニアのテスラ本社前で、イーロン・マスクCEOと

2015年12月16日、旭日大綬章を受章した米ゲイツ財団共同議長のビル・ゲイツと

2019年3月22日、ノーベル平和賞受賞者のマララ・ユスフザイと

2018年2月、JET日本語学校創立30周年の祝賀会で、（左から）渡辺利夫元拓殖大学総長、JET日本語学校の越野充博理事長、安倍総理、金美齢さん、顧問弁護士・庭山正一郎さん、昭恵さん

2016年7月4日、自民党本部で本田圭佑（ACミラン）と対談

天皇陛下御即位をお祝いする国民祭典で、
素晴らしい歌を披露してくださった。
嵐のメンバーの皆さんに、
直接、感謝の気持ちを伝えた。
（２０１９年11月30日、東京ドームでの嵐のコンサートを鑑賞後）

2013年8月7日、「文化人・芸能人の多才な美術展」を鈴木福くんと鑑賞

2019年11月30日、東京ドームのコンサート鑑賞後、嵐のメンバーと面会

2013年5月11日、日比谷野外音楽堂で行われた南こうせつのコンサートに飛び入りし、
「あの素晴しい愛をもう一度」を熱唱

2013年4月27日、東京ドームで開催されたEXILEの公演鑑賞

2021年4月22日、夕刊フジ主催「日本国憲法のあり方を考えるフォーラム」、舞台裏で櫻井よしこさん、有本香さんと

2013年8月6日、ハンバーガーを食べながら、百田尚樹さんと対談

いま私も、いわば国の大きな判断を
下す立場に立っているわけですが、
『永遠の0《ゼロ》』を読むと、改めて
指揮官の役割の重要性を感じます。
（『日本よ、世界の真ん中で咲き誇れ』）

2018年7月2日、東京で開催された「ジャポニズム2018：響きあう魂」の出陣祝賀会で、香取慎吾とセルフィー

安倍総理、国民の中へ

2014年12月2日、衆院選の応援
演説終了後、抱き上げた子どもに
泣かれてしまい笑顔であやす

2017年12月11日、リトルリーグ・ワールドシリーズで優勝した東京北砂リトルリーグの表敬を受け、
スイングを披露

2018年8月2日、宮城県石巻市の水産品会社の保育所を訪れる

2015年10月19日、11回目の福島訪問

私たちは、それぞれの歴史に対する立場、
各々の国民世論、そして愛国心を背負って、
この場に立っています。
しかしこのままでは、あと何十年も、
同じ議論を続けることになってしまいます。
私たちの世代が、勇気を持って、
責任を果たしていこうではありませんか。
（２０１６年９月３日　東方経済フォーラム全体会合）

2016年1月5日、三重県伊勢市の伊勢神宮を訪れた、ガールスカウトのメンバーと写真撮影

2019年2月2日、戸越銀座商店街の生花店を視察、QRコード決済で商品を購入してご満悦。
後ろは世耕弘成経済産業大臣

2018年8月9日、被爆者の養護施設「恵の丘長崎原爆ホーム」を訪れ、入所者に花束を渡し握手を交わす

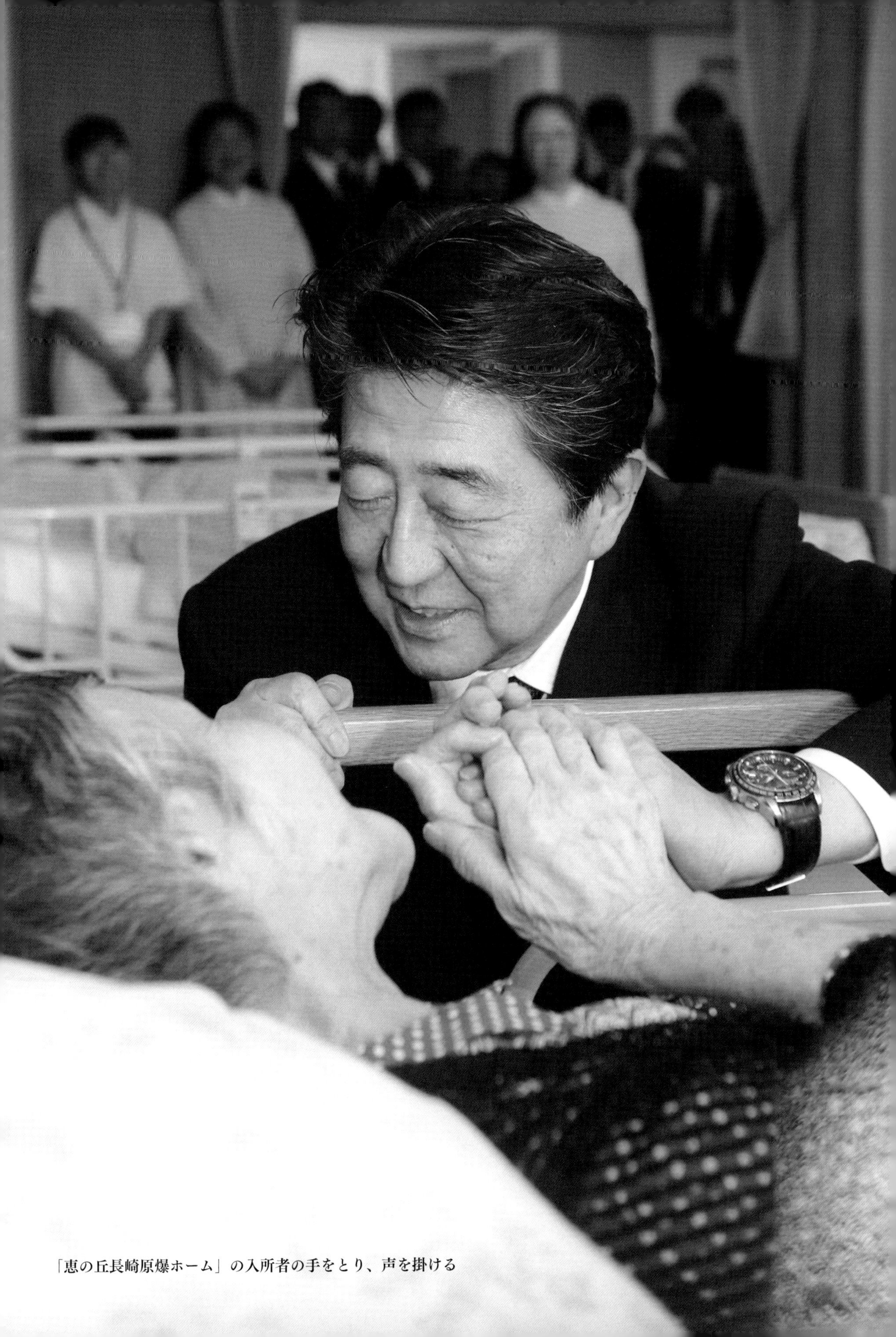

「恵の丘長崎原爆ホーム」の入所者の手をとり、声を掛ける

その場にいる人たちと、
いかに仕事と離れた時間を共に過ごすか。
その行為を厭わず、
日頃から地道な積み重ねを続けていけば、
いざという時に「君のためなら、
この身を投げうってでも働こう」と
思ってくれる人たちが出てくるものです。

（『文藝春秋』2022年2月号「安倍晋三独占インタビュー～危機の指導者とは」）

2014年3月8日、福島県いわき市で福島県産の海産物を試食

2018年8月26日、宮崎県西都市でキュウリを味わう

2016年4月23日、14日に起きた熊本地震で被災した人たちに声をかける

地元山口で支援者に深々とおじぎ

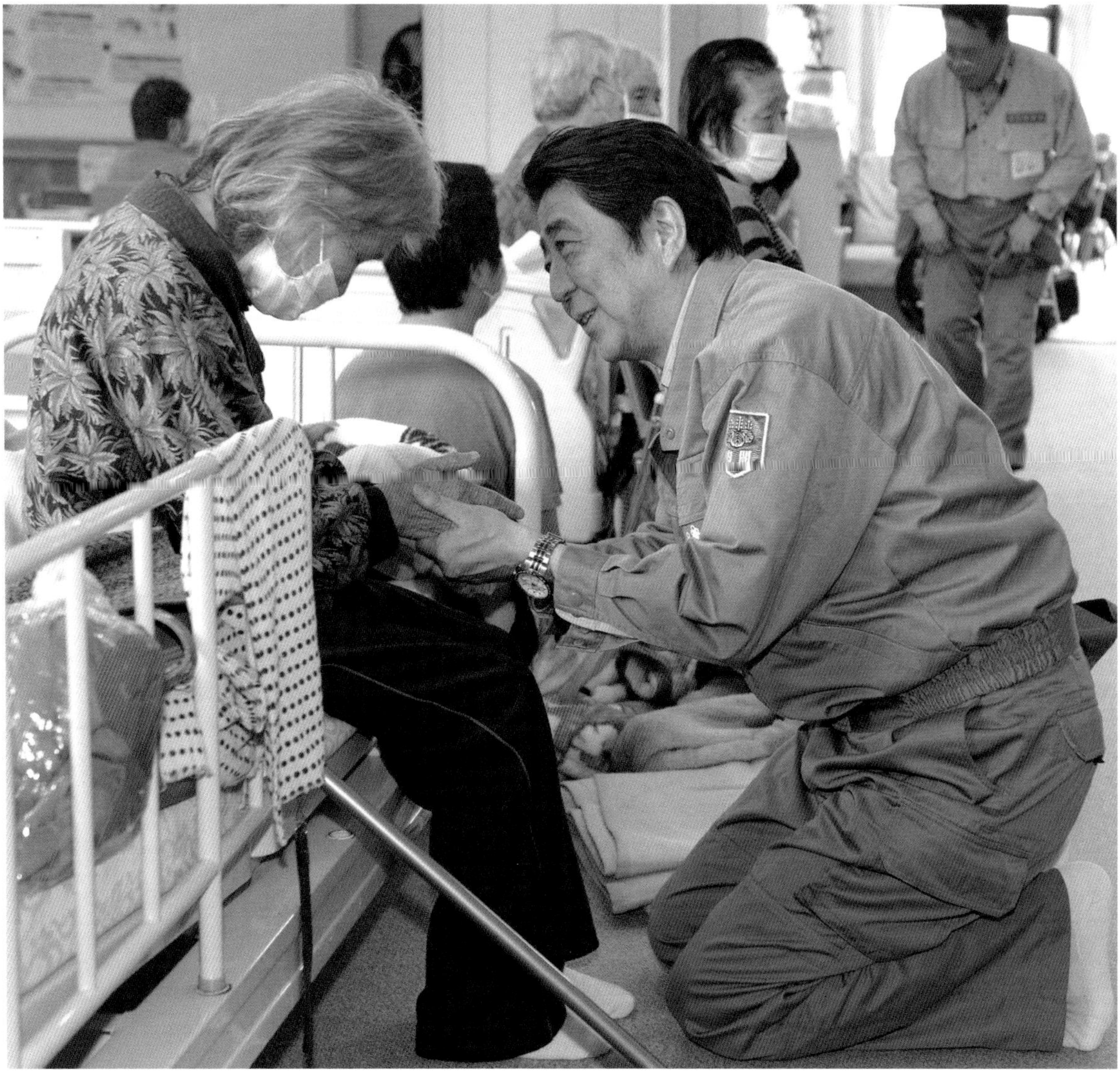

熊本地震で大きな被害を受けた熊本県南阿蘇村の避難所を訪れ、被災者の手を握り声をかける

2018年7月11日、西日本豪雨に襲われた岡山県倉敷市の避難所を訪れ、被災者を激励

世界はなお日本を待っていると、
私はそう思いました。
人権の伸長において、
貧困、病との、地球温暖化や
もろもろとの戦いにおいてです。
だからこそ、私は強い決意を持って、
日本経済を立て直そうと
しているのであります。
（２０１３年２月23日　ワシントンＤＣ、ＣＳＩＳ）

2014年9月17日、福島県内視察で、コンバインを運転して稲刈りを体験

稲刈り後、農家から振る舞われた「ひとめぼれ」のおにぎりを試食

2015年5月31日、福島県三春町を視察中、仮設の店舗で営業する食堂で、店員や常連客と話しながらチャーハンを食べる

2017年9月1日、神奈川県小田原市で行われた「九都県市合同防災訓練」で、放水する消防ホースを女性と一緒に持って訓練にあたる

2015年5月17日、和歌山県田辺市で林業を視察し、間伐作業体験でチェーンソーを手に笑顔

2014年4月27日、岩手県野田村の仮設住宅で子どもの手を取り、声をかける

いかなる事態にあっても
国民の命と
平和な暮らしは守り抜いていく。
内閣総理大臣である私には
その大きな責任があります。
（2014年7月1日　総理記者会見）

2011年、東日本大震災直後に自らトラックで救援物資を被災地へ届ける

日本が泣いた日

2022年7月12日、増上寺を出る安倍元総理の柩を乗せた車を、多くの人が見送った

一般向けに用意された献花台

事件現場となった奈良・大和西大寺駅前

JE TE
SOUHAITE
BONNE

adidas

安倍元総理の柩を乗せ、自民党本部前を通過する車。議員や職員が手を合わせた。麻生副総裁、二階元幹事長の顔も

国葬の日、献花台 献花した人 2万5899人

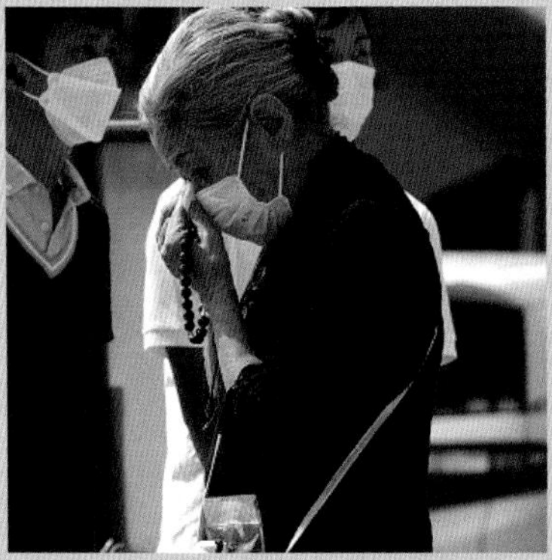

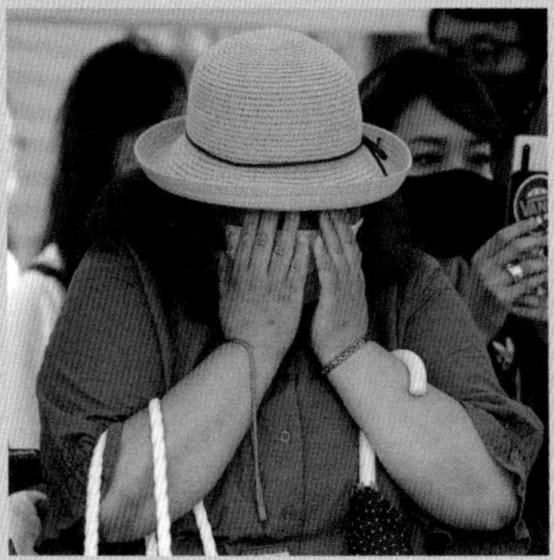

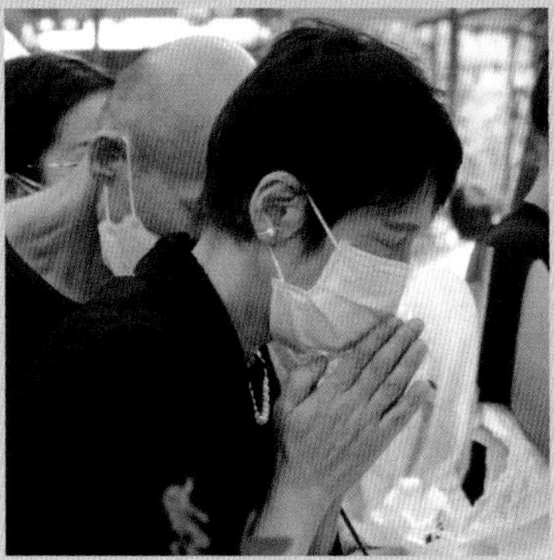

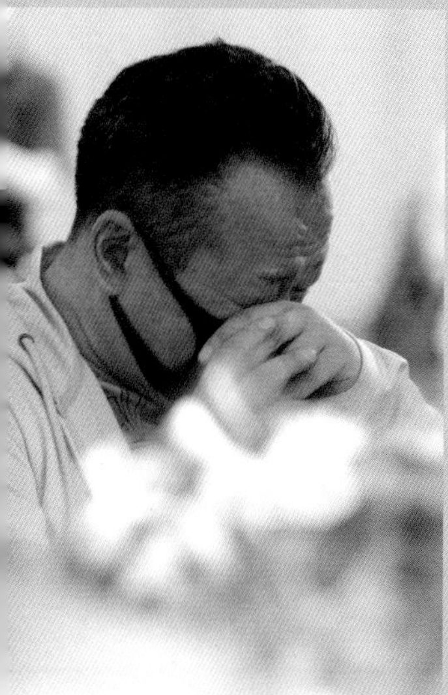

厳選
総理のつぶやき《ツイッター》3188日

2013年

安倍晋三
@AbeShinzo　2013年5月5日

さすがスーパースターは違います。
長嶋さん松井さんが登場すると空気が変わりました。
王さんが長嶋さんに花束贈呈、肩を抱きながら話しかけた瞬間、グッと来ました。
プロ野球史上に残る名場面でしたね。

安倍晋三
@AbeShinzo　2013年5月24日

これからミャンマーに行ってきます。私の祖父も父も訪れたミャンマー。日本の総理としては36年ぶりです。ミャンマーが進める改革と国造りを官民挙げて支援したいと思います。

安倍晋三
@AbeShinzo　2013年5月25日

「ビルマの竪琴」の舞台となったミャンマーに来ています。
日本人墓地に献花して思いを馳せた後、私達日本の国会議員有志で寄付を出し合って応援した、村の小学校に行きました。本当に皆素直で明るく、伸びゆく国であると確信しました。

安倍晋三
@AbeShinzo　2013年5月25日

本日、千鳥ヶ淵戦没者墓苑において拝礼式が行われ、硫黄島をはじめ、樺太、マーシャル諸島、モンゴル、ミャンマー、パラオ、東部ニューギニア、ビスマーク、ソロモン諸島、マリアナ諸島、旧ソ連地域から帰還した御遺骨が納められました。

安倍晋三
@AbeShinzo　2013年6月16日

祖父岸信介が国交を回復したポーランド。父安倍晋太郎外務大臣の秘書官として、30年ほど前に訪問して以来です。
日本食レストランは、この7年で9倍。空手や合気道など日本の武術も大人気だそうです。

安倍晋三
@AbeShinzo　2013年6月22日

都議会議員選挙も今日が最終日。
街頭演説には沢山の方々に足を運んでいただき、感謝です。
明日は多くの皆さんに投票に行っていただきたいと思います。

安倍晋三
@AbeShinzo　2013年7月8日

親父からも「気を抜くな、しっかりやれ！」と励まされた気がします。ありがとうございました。

安倍晋三
@AbeShinzo　2013年8月7日

今年映画化される「永遠の０」や2013年本屋大賞を受賞した「海賊とよばれた男」の作者として快進撃を続けている作家の百田尚樹さんと昨夜、雑誌の企画で対談させていただきました。

安倍晋三
@AbeShinzo　2013年8月28日

日本から1万2千キロ。遠く離れた灼熱のアフリカジブチで、海賊対処の任務に当たっている自衛官、海上保安官の激励をしました。
我が国の生命線である、海上輸送ルートを守っているのは彼らです。世界から頼りにされています。

安倍晋三
@AbeShinzo 2013年9月4日

ロシアのサンクトペテルブルクで行われるG20。行きの政府専用機で、麻生副総理とじっくり打ち合わせをしました。
世界の主要国に、安倍政権の政策や方針をしっかり伝えてきます。

安倍晋三
@AbeShinzo 2013年9月8日

安倍晋三です。
朝早くにすみません。ブエノスアイレスより速報です。
つい先ほど、東京が2020年の五輪開催地に選ばれました！！
本当にうれしい。
この心からの喜びを、皆さんとともに、分かち合いたいと思います。

安倍晋三
@AbeShinzo 2013年9月20日

明日は、私の五十九回目の誕生日。
総理番記者の皆さんから、お誕生日プレゼントを頂きました。いくつになっても、嬉しいものです。

安倍晋三
@AbeShinzo 2013年10月10日

首脳会談が終わって、空港に向かう途中、
ブルネイの伝統的な水上の家にお邪魔しました。
いよいよ来週から臨時国会。また全力投球です。

安倍晋三
@AbeShinzo 2013年10月22日

私、柿にはちょっとうるさいんです。
先ほど、「柿の里娘」が奈良の柿を持ってきてくれました。一日中、予算委員会の質疑の後、心が和みました。

安倍晋三
@AbeShinzo　2013年10月27日

自衛隊の観閲式に出席した後、伊豆大島の被災地を訪問しました。

安倍晋三
@AbeShinzo　2013年11月21日

明日、11月22日は、「いい夫婦の日」。
「家庭の幸福は、妻への降伏。」
これが我が家の夫婦円満の秘訣です。
家族の支えがあってこそ、男性も女性も良い仕事ができます。日本の元気は、元気な家庭から。強い日本を取り戻すベースです。

安倍晋三
@AbeShinzo　2013年12月1日

3度目の厳しい冬を迎える釜石。
新しい住まいに入居したご家族。地域に寄り添って治安を守る警察官。防災活動に取り組む教員や地域の方々。地域の皆さまの懸命な取組による、復興の確かな歩みを実感しました。

2014年

安倍晋三
@AbeShinzo　2014年1月12日

コートジボワールで女性職業訓練施を訪問。
訓練で作った裁縫や編み物、アフリカらしいビビッドな色づかいが素晴らしい。
生徒さんたちの笑顔から元気をもらいました。
女性が輝くアフリカ。その実現のために引き続き支援していきます。

安倍晋三
@AbeShinzo　2014年1月21日

ソチ冬季オリンピック壮行会に出席。選手の皆さんの懸命に闘う姿に、人々は感動し、勇気を与えられます。最高のパフォーマンスで、皆さんの「夢」をかなえてほしい。スポーツの力で、日本を元気にしてほしい。

安倍晋三
@AbeShinzo　2014年1月21日

はるか海の向こう、アメリカ大リーグ。昨季大活躍した上原浩治、田沢純一両投手。日本と違う環境での努力は並々ならぬものだと思います。これからも、世界を舞台にますます活躍してもらいたいです。

安倍晋三
@AbeShinzo　2014年2月3日

今日は節分。
日本経済の「好循環実現」を信じて恵方巻き。

安倍晋三
@AbeShinzo　2014年4月12日

本日 八重桜が満開を迎えた東京新宿御苑で行われた「桜を見る会」にて一句詠ませていただきました。
「給料の 上がりし春は 八重桜」
景気回復の実感が全国の皆様へ早く拡がるようさらに努力して参ります。

安倍晋三
@AbeShinzo　2014年4月18日

大阪を訪問しています 。
通天閣近くの人気店で串カツとどて焼きを堪能しました。味は最高。さすがくいだおれの街です。

安倍晋三
@AbeShinzo　2014年4月20日

久々の座禅。無我の境地にはまだまだです。

安倍晋三
@AbeShinzo 2014年4月24日

アメリカのオバマ大統領が国賓として訪日されています。
昨日は、オバマ大統領をお招きして、夕食をともにしました。おすしと酒をいただきながら、日本とアメリカの課題、世界の課題について語り合いました。

安倍晋三
@AbeShinzo 2014年4月25日

ソチオリンピック・パラリンピックの入賞者の皆さんに記念品を贈呈。2か月前のオリンピック、1か月前のパラリンピック。日本中に感動を与えてくれた、あの時の記憶がよみがえりました。

安倍晋三
@AbeShinzo 2014年5月4日

「ここに地終わり海始まる」
ユーラシア大陸最西端のロカ岬を訪れました。
はるか大西洋を望み、日本からポルトガルを訪れた天正遣欧使節に想いをはせました。

安倍晋三
@AbeShinzo 2014年5月17日

7回目の福島県の被災地訪問。福島の復興が新たな段階を迎えていることを実感。
放射能への不安や風評被害を乗り越え、復興に向けて力強く取り組む皆様の姿を拝見し、感銘を受けました。

安倍晋三
@AbeShinzo 2014年5月22日

横浜市の中丸小学校の放課後児童クラブを訪問しました。

安倍晋三
@AbeShinzo 2014年7月16日

東日本大震災の被災地、宮城県の七ヶ浜町、東松島市を訪れました。ノリ作りの拠点が本格的に再建。
キャベツなどを栽培している農業生産法人では、震災前より生産性が向上。震災前よりも元気になろう。そんな意欲に溢れていました。

安倍晋三
@AbeShinzo　2014年8月25日

広島県の大雨による土砂災害の被災地に入りました。この度の豪雨に伴い、亡くなられた方々に謹んで哀悼の意を表します。また、被災された方々に対し、心よりお見舞いを申し上げます。

安倍晋三
@AbeShinzo　2014年9月2日

インドのモディ首相と茶席をご一緒しました。リラックスした所作で日本のお茶を楽しんでいただきました。迎賓館で行った首脳会談では、政治、経済、文化をはじめ、あらゆる分野で協力を大いに進めていくことを確認しました。

安倍晋三
@AbeShinzo　2014年9月17日

福島の復興なくして日本の復興なし。訪問した川内村でも、10月から避難指示解除によって住民の方の帰還が始まります。保育士さんたちも、かわうち保育園に通う子どもたちが増えることを楽しみにしているとのことでした。住民の方の心配をしっかり受け止め、安心してお帰り頂けるように万全を期していきます。

安倍晋三
@AbeShinzo　2014年9月18日

葛飾区の葛美中学校を訪問し、ボランティアによる夜間の学習支援活動「がんばらナイト」の様子を見せていただきました。

安倍晋三
@AbeShinzo　2014年9月21日

沢山のお祝いのコメント、メッセージありがとうございます。今日、還暦を迎えました。
人生一区切りですが、更に元気に国の為頑張っていこうと思います。

安倍晋三
@AbeShinzo　2014年9月23日

ニューヨークの総領事公邸で、還暦のお祝いのケーキをいただきました。嬉しいサプライズでした！

安倍晋三
@AbeShinzo　2014年11月26日

朝。岩手に出発する前に東京駅の売店でホットレモンを買いました。最初に陸前高田に入ります。

安倍晋三
@AbeShinzo　2014年11月27日

北海道河西郡芽室町の日本甜菜製糖にて製糖を視察。甜菜が美味しい砂糖になっていくプロセスがよくわかりました。

安倍晋三
@AbeShinzo　2014年11月27日

函館市内。晩御飯は味噌ラーメン。とっても美味しい！

安倍晋三
@AbeShinzo　2014年12月2日

福島に向かう新幹線の車中。朝刊を読みながら、一瞬、リラックス。

安倍晋三
@AbeShinzo　2014年12月2日

福島県のカレイはとっても美味しい！バクッといきました。

安倍晋三
@AbeShinzo　2014年12月4日

お昼は関西だしの美味しいうどん。心も体も温まってエネルギー充填200％！

安倍晋三
@AbeShinzo　2014年12月5日

新千歳空港で夕食。北海道名物のスープカレーを食べました。辛いけど美味しい。# 総選挙

安倍晋三
@AbeShinzo　2014年12月6日

高松空港。夕食はもちろん熱い # 讃岐うどん。世界中のひとに食べて欲しいクールジャパンのひとつ。

安倍晋三
@AbeShinzo　2014年12月9日

岩手のそば処鈴木屋にて。地元の方々と昼食のてんぷら蕎麦をいただいたきながらお話を伺いました。 # 総選挙

安倍晋三
@AbeShinzo　2014年12月10日

伊丹空港にて(蓬莱551)の豚まんをいただきました。なんという美味しさ。残り3日、最後まで全力で駆け抜けます。 # 総選挙

2015年

安倍晋三
@AbeShinzo　2015年2月28日

#ウィリアム王子 と福島の温泉旅館へ。福島の新鮮な食材を堪能しました。 # 福島 # 復興

安倍晋三
@AbeShinzo　2015年3月21日

３日前、#ミッシェルオバマ 大統領夫人 @MichelleObamaが初来日。目的は発展途上国の女性に対する教育支援の重要性を訴えることでした。

安倍晋三
@AbeShinzo　2015年3月23日

シンガポール建国の父、#リー・クァンユー 元首相が亡くなられました。今日のシンガポールの発展はもとより、アジア大洋州地域、さらには世界の平和と安定のために生涯を通じて尽力された偉大な指導者でした。御冥福を心からお祈り申し上げます。

安倍晋三
@AbeShinzo　2015年4月1日

総理官邸の #桜 も #満開 になりました。景気も満開になるよう全力で頑張ります。

安倍晋三
@AbeShinzo　2015年4月21日

園遊会にて。
At the Imperial Garden Party.

安倍晋三
@AbeShinzo　2015年4月22日

#バンドン会議 60周年 首脳会議出席のためインドネシアを訪問中。 国立英雄墓地を訪問し、献花を致しました。#インドネシア独立戦争 に参加した日系人28人の方々も埋葬されています。

安倍晋三
@AbeShinzo　2015年4月23日

イランの #ロウハニ大統領 と会談。様々な分野における両国の協力関係強化について議論しました。

安倍晋三
@AbeShinzo　2015年4月24日

５か月ぶりの ＃日中首脳会談 を行いました。日中関係は改善に向かっており、戦略的互恵関係を推進させていくことで、地域や世界の安定と繁栄に貢献していく、その必要性で一致しました。

安倍晋三
@AbeShinzo　2015年4月28日

米国最古の高等教育機関であるハーバード大学 @Harvardで学ぶ学生たちと日米関係、国際社会の展望について意見交換。政治、外交、エネルギー政策等、幅広い問題を率直に議論しました。

安倍晋三
@AbeShinzo　2015年4月30日

第二次世界大戦時に戦死した米国兵士への追悼の意を込めて建造された記念碑を訪れました。米兵の犠牲者を表す４千個以上の星が埋め込まれている「フリーダムウォール」の前で献花をさせていただきました。

安倍晋三
@AbeShinzo　2015年4月30日

美術館の中庭で私と妻が主催したガラディナー。日米関係に貢献した多くの方々に出席していただきました。

安倍晋三
@AbeShinzo　2015年4月30日

米国の上下両院合同会議で、日本の総理として初めての演説を行いました。日米同盟は、「希望の同盟」であると強く訴えました。何度も拍手とスタンディング・オベーションをいただきました。

安倍晋三
@AbeShinzo　2015年5月1日

Facebook 本社でザッカーバーグCEO @finkdと再会。まだネットに繋がっていない世界の3分の2の人たちに対するアプローチを熱く語る若き創業者に共感を覚えました。

安倍晋三
@AbeShinzo　2015年5月2日

日系人部隊記念碑を訪問。献花をさせていただきました。米国在住の多くの日系人の皆さんが様々な困難を乗り越え、米国と日米関係の発展に尽くしてこられました。そのご努力とご苦労に改めて思いを馳せました。

安倍晋三
@AbeShinzo　2015年5月22日

＃島サミット 出席の首脳の皆さんを ＃フラガール の迫力あるダンスでおもてなししました。

安倍晋三
@AbeShinzo　2015年6月1日

週末に ＃福島 の ＃仮設住宅 を訪問しました。「帰還したいけど不安もあります。」避難しておられる住民の方々の率直な声をお聞きしました。

安倍晋三
@AbeShinzo　2015年6月7日

ドイツのエルマウでG7サミットが始まりました。美しい渓谷のリゾートです。メルケル首相の先導で首脳が揃って散策。
これから世界の様々な課題について議論を深めます。
#G7Summit

安倍晋三
@AbeShinzo　2015年6月7日

ゴルフカートに乗って、サミット会場に向かうところです。#G7Summit

安倍晋三
@AbeShinzo　2015年6月13日

先月に火山噴火で全島避難となった #口永良部島 を訪問。子どもたちを激励しました。

安倍晋三
@AbeShinzo　2015年12月6日

住まい、生業、復興は着実に進んでいます。桜を植えて、震災の教訓を語り伝えていく。岩手でそんな活動に参加しました。奇しくも今日、日本が積極的に提案してきた「#世界津波の日」が、国連で正式に決定される運びとなりました。

安倍晋三
@AbeShinzo　2015年12月8日

官邸に「#東京きものの女王」をお迎えしました。一足早いお正月のような華やぎでした。「和装を振興するとともに、産地の伝統織物を守らなければ。」織物卸の方の言葉です。日本の伝統の着物文化を支える皆様の努力を応援したいと思います。

安倍晋三
@AbeShinzo　2015年12月9日

#ノーベル賞 を受賞された科学者の方々から、科学技術政策についての緊急提言をいただきました。#GDP600兆円 に向けた未来への投資でイノベーションを促進する。若い研究者を応援する。しっかり結果を出していきたいと思います。

安倍晋三
@AbeShinzo　2015年12月12日

初代首相の名を冠したネルー大学から名誉博士号をいただきました。1957年、日本の首相として初めてインドを訪問した祖父岸信介が、ネルー首相に「自分の尊敬する国、日本から来た首相である」と紹介していただいた話を懐かしく思い出しました。

安倍晋三
@AbeShinzo　2015年12月14日

ガンジス川のほとりにある聖地でのヒンドゥー教の儀式は、ろうそくの光が揺らめき、花の香りに包まれ、美しく幻想的でした。平安を願う人々の想いが伝わってきました。日本とインドの絆が深まった旅でした。

安倍晋三
@AbeShinzo　2015年12月18日

世界を感動させたノーベル生理学・医学賞受賞の研究成果を大村智先生からお伺いしました。微生物には、感染症から癌まで、様々な病気に効く物質を作る、高度な機能がある。先生の研究が、多くの人々の命と人生を救ったことをあらためて実感しました。

安倍晋三
@AbeShinzo　2015年12月19日

オーストラリアのターンブル首相との午後のひとときは、まさに忙中閑あり。千宗室家元が今日のために選んだ掛け軸は「時々勤払拭」。「油断なく毎日修行せよ」と。添えられた椿と蝋梅の花は、今日しかその姿を保てない。「一期一会」の茶の湯の精神。

安倍晋三
@AbeShinzo　2015年12月20日

「報道写真展」に行ってまいりました。いつも撮られてばかりなので今日はカメラで記者の皆さんを撮ってみました。
振り返れば今年は災害などもありましたが、内政・外交ともに実りの多い1年だったと思います。

2016年

安倍晋三
@AbeShinzo　2016年1月23日

夕食の場所から遠くないところでケネディ大使のご子息ジャック君の誕生会が開かれていると聞き、飛び入りで「Happy Birthday, Jack!」とお祝いしてきました。

安倍晋三
@AbeShinzo　2016年1月26日

天皇皇后両陛下におかれましては、本日、フィリピン国を御訪問のため、御出発になりました。今回の御訪問は、戦争により亡くなられた人々を慰霊し、平和を祈念するとともに、我が国とフィリピン国との友好親善関係の上で誠に意義深いものと存じます。

安倍晋三
@AbeShinzo　2016年2月7日

北朝鮮 に対しては、繰り返し自制を求めてきたにも関わらず、# ミサイル発射 を強行したことは断じて容認できません。ただちに国家安全保障会議を開催。政府の総力を挙げて、国民の安全の確保に万全を期してまいります。#NorthKorea

安倍晋三
@AbeShinzo　2016年2月8日

顔を近づけると、ほのかな香りが漂います。２０年もの時間をかけた立派な梅の盆栽です。
毎年恒例の太宰府の「梅の使節」がくると、春が近づいたなと思います。

安倍晋三
@AbeShinzo　2016年2月21日

震災から復興した宮城県塩竈市の日曜朝市はすごい人出でした。地元で獲れた新鮮な鮪やウニの味は、最高でした。Shiogama Sunday fish market in Miyagi. Fresh urchin is superb!

安倍晋三
@AbeShinzo　2016年2月22日

首相官邸FBカバー写真を更新。Changed PM Office's FB cover photo. 今年2月、宮城県石巻市新蛇田地区災害公営住宅にお住まいの皆さまと料理大会に参加した時のワンショットです。

安倍晋三
@AbeShinzo　2016年2月25日

一人の結果が全員に影響する、究極のチームワーク。正月の駅伝で完全優勝を果たした、青山学院大学の原監督と選手の皆さんは、優勝の感動をしみじみ語ってくれました。選手たちは礼儀正しくも、明るく自由闊達で、大いに会話が盛り上がりました。

安倍晋三
@AbeShinzo　2016年3月5日

福島で美味しい牛乳をいただきました。５人の被災農家が力を合わせて酪農の再開を決意し、新しい牛舎ができて「がんばろうという気持ちになった。」地域とのつながりを活かして、「酪農っていいね」と多くの人に言ってもらう夢を成就させてください。

安倍晋三
@AbeShinzo　2016年3月15日

福島の被災地を訪れるハーバード・ケネディスクール@Kennedy_Schoolの学生たちと。「福島に行くなら、ぜひ、地元の食を味わってください。私は毎日いただいていて、おかげさまでとても元気です。」と呼びかけました。

安倍晋三
@AbeShinzo　2016年3月28日

サイバー救助犬のゴン太は、カメラやセンサーを取り付けたスーツを装着。災害現場での人命救助は、時間との戦いです。「タフロボティクス・チャレンジ」によって開発された、動きやすさを追求したスーツで、救助犬が持ち前の嗅覚と運動能力を発揮。

安倍晋三
@AbeShinzo　2016年4月8日

「桜よ、咲き誇れ、日本の真ん中で咲き誇れ」「日本よ、咲き誇れ、世界の真ん中で咲き誇れ」ジャカルタの大学生劇団「en 塾」の皆さんが、官邸の桜の側で歌ってくれました。東日本大震災に襲われた日本を励まそうと作られた、日本語の歌です。

安倍晋三
@AbeShinzo　2016年4月5日

「聖火ランナーに浜通りの国道6号を走ってほしい。」福島県双葉郡の高校3年生の願い。彼らが通ういわき市のサテライト校は彼らの卒業後、休校に。それでも「残りの1年の高校生活を大切にし、福島県の復興に少しでも役に立ちたいと思います。」と。

安倍晋三
@AbeShinzo　2016年4月9日

拉致問題 の解決は、安倍政権の最重要課題です。拉致被害者の方々と御家族の皆様が抱き合う日が来るまで、私たちの使命は終わりません。被害者を一日も早く御家族のもとに取り戻すため、国際社会と連携しながら、全力で取り組んでまいります。

安倍晋三
@AbeShinzo　2016年4月12日

福島の「女将会」は、震災以降、福島の魅力の発信や風評の克服に力を注いで来られました。その甲斐もあり、福島の観光業は、ゆっくりと回復しつつありま す。官邸を訪れる各国首脳には、福島のお酒や天然炭酸水をふるまっています。

安倍晋三
@AbeShinzo　2016年4月14日

炎天下でも５キロを超える重い防護服は欠かせなかった。東京電力福島第一原発で高濃度汚染水を取り除く作業は、前人未踏の廃炉作業の最前線にありました。皆様には、引き続き、安全第一で、次の作業に頑張っていただきたいと思います。

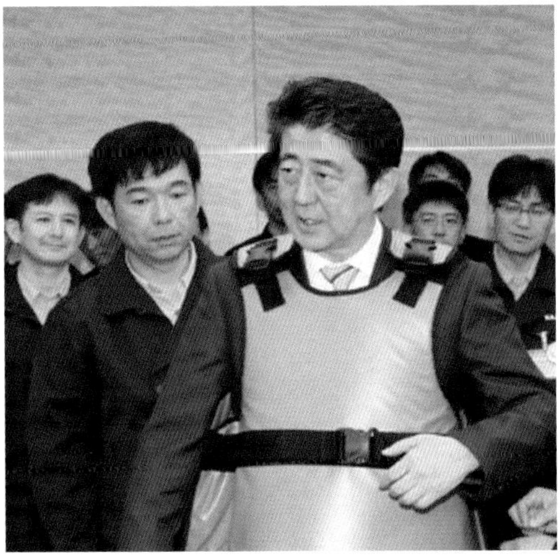

安倍晋三
@AbeShinzo　2016年12月15日

いよいよ故郷長門市にプーチン大統領をお迎えして、日露首脳会談を行います。プーチン大統領の大統領としての訪日は11年ぶりとなります。
大統領の到着が遅れる様なので、その時間を使って墓参し、晩年、平和条約締結に執念を燃やした父に報告しました。

2017年

安倍晋三
@AbeShinzo　2017年1月1日

あけましておめでとうございます。
今年が皆様にとりまして、そして日本国にとりまして素晴らしい年になりますことを心から祈念いたしております。
私も今年一年全力を挙げて参ります。

安倍晋三
@AbeShinzo　2017年9月30日

日本海で北朝鮮の弾道ミサイル警戒に当たり、今日、母港の舞鶴に戻ったばかりのイージス艦「みょうこう」を訪問し、自衛隊員の皆さんを激励しました。皆、実に頼もしく、最高指揮官として大変心強く思いました。

安倍晋三
@AbeShinzo　2016年11月5日

これから、トランプ大統領をお迎えします！

安倍晋三
@AbeShinzo　2016年11月5日

素晴らしい友人とのゴルフ。会話も弾みます。
A round of golf with a marvelous friend (President Donald J. Trump), full of spirited conversation. @realDonaldTrump

安倍晋三
@AbeShinzo　2016年11月5日

トランプ大統領の来日を、心より歓迎します！今から、さっそくハンバーガーでビジネスランチです。

安倍晋三
@AbeShinzo　2017年11月6日

トランプ大統領とメラニア夫人に、拉致被害者の御家族に面会して頂きました。
横田早紀江さんが語り始めると、大統領は、めぐみさんの写真を自ら手に取り、愛する家族と引き裂かれた皆さんの痛切な訴えに、真剣なまなざしで、聞き入っておられました。

安倍晋三
@AbeShinzo　2017年11月9日

APEC、東アジアサミットへ出発します。北朝鮮問題への対応、TPP11の大筋合意に向けた最終調整。中国、ロシアとの首脳会談も行う予定です。世界の首脳たちが集う国際舞台で、日本として、しっかりとリーダーシップを発揮する決意です。

安倍晋三
@AbeShinzo　2017年11月13日

普遍的価値を共有する日米豪三か国の結束は、アジア、太平洋からインド洋に至る、この地域の平和と繁栄の礎です。 トランプ大統領、ターンブル首相と三人で、リラックスした雰囲気の中、様々な課題について、本音の議論ができました。

安倍晋三
@AbeShinzo　2017年11月13日

今年も、奈良の柿をいただきました。例年以上の甘さに癒されたところで一句。「柿食えば　こころも豊か　奈良のまち」
今日は千葉八街の落花生もいただきました。恵み豊かな日本。
若い人が夢を持ってどんどん入ってくる。そんな農業を、生産者の皆さんとともに、創っていきます。

安倍晋三
@AbeShinzo　2017年12月1日

本日、皇室会議が開催され、皇室典範特例法の施行日について、平成31年4月30日とすべき旨の皇室会議の意見が決定されました。

安倍晋三
@AbeShinzo　2017年12月5日

障害者週間に当たり、皇太子同妃両殿下の御臨席の下、障害を持つ御家族との日常を愛情あふれる筆致で温かく書かれた作文やポスター、長年、障害者の福祉の向上に向け、一つ一つ誠実に努力を積み重ねてこられた方々の功績を表彰させていただきました。

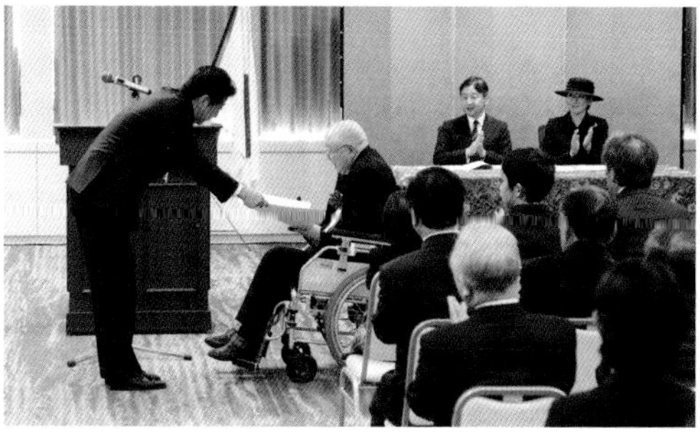

安倍晋三
@AbeShinzo　2017年12月20日

「この街が大好きだ」
岩手県立大槌高校の生徒さんが話してくれました。
発災直後、自分達も被災しながら、避難所となった高校で被災者の皆さんのために献身的に活動した先輩たち。その経験を受け継ぎ、現在も、まちづくりに参加し、復興していくまちの変化の定点観測を続けています。

安倍晋三
@AbeShinzo　2017年12月26日

あれから５年、少し白髪が出てきました。５年前の朝も今朝と同じ身の引き締まるような清冽な朝だったと思います。「まだまだと胸突き八丁冬の朝」これからも身を引き締めて進んで参ります。

2018年

安倍晋三
@AbeShinzo　2018年1月1日

あけましておめでとうございます。
元旦、東京はとっても良いお天気で富士山が綺麗に見えました。その神々しい姿に思わず手を合わせ、年頭にあたり我が国の平和と繁栄を祈念いたしました。
天皇皇后両陛下のご健康とご皇室の弥栄をお祈りし、これから新年祝賀の儀に参列する為皇居に参内いたします。

安倍晋三
@AbeShinzo　2018年1月14日

すっかり凍った湖上で。
湖畔で昼食後ブルガリアに向け出発。

安倍晋三
@AbeShinzo　2018年1月18日

オーストラリアのターンブル首相と一緒に陸上自衛隊習志野駐屯地を訪問しました。マニラ以来2ヶ月ぶりの再会を嬉しく思います。マルコムの来日を心より歓迎します！

安倍晋三
@AbeShinzo　2018年1月22日

本日、通常国会が始まりました。この後、衆参両院で、内閣総理大臣として、施政方針演説に臨みます。最終チェック中です。

安倍晋三
@AbeShinzo　2018年5月20日

巡視船やしまに乗艦しました。今から海上保安庁観閲式に参加します。

安倍晋三
@AbeShinzo　2018年6月10日

G7サミットが閉幕しました。
本年は貿易を巡り激しい意見のやりとりとなりました。しかし、会議場の外に出てからも、昨日は夜遅くまで、本日も朝早くから、首脳同士が、直接、膝詰めで議論を重ね、合意に達しました。

安倍晋三
@AbeShinzo　2018年6月21日

これから大阪 に向かいます。被災現場の状況をこの目で確かめ、現場の皆さんの声に耳を傾けながら、更なる安全対策、復旧復興の加速につなげてまいります。

安倍晋三
@AbeShinzo　2018年6月23日

沖縄では苛烈を極めた地上戦で二十万人もの尊い命が無残にも奪われました。

安倍晋三
@AbeShinzo　2018年6月26日

小笠原諸島が日本に復帰して､本日で50年を迎えます。戦時中の強制疎開から返還に至るまで多くの苦難を乗り越えてこられた先人の方々のご努力に改めて敬意を表します。
小笠原諸島は、我が国の排他的経済水域の３割を占めるなど、海洋国家日本にとって、なくてはならない存在です。

安倍晋三
@AbeShinzo　2018年7月11日

岡山の被災地に向かっています。土砂崩れ、河川の決壊。被害の大きさを改めて実感しています。今から、倉敷市真備地区の浸水現場、避難所に伺います。現場で応急対策に当たる皆さん、被災者の皆さんの生の声をしっかりと伺い、現場主義で、早期の復旧復興につなげていきたいと思います。

安倍晋三
@AbeShinzo　2018年8月1日

９か月後には､天皇陛下の御退位､皇太子殿下の御即位､皇位の継承という歴史の大きな節目を迎えます。まさに国家的な式典であり、本日、皇位継承式典事務局が発足しました。

安倍晋三
@AbeShinzo　2018年8月6日

「ネバーギブアップで頑張っていく」
20歳の時、広島で被爆した坪井さんの言葉です。唯一の戦争被爆国として、我が国は、核兵器国と非核兵器国双方の橋渡しに粘り強く努めながら、「核兵器のない世界」の実現に向けて、一層の努力を積み重ねてまいります。

安倍晋三
@AbeShinzo　2018年8月12日

私のふるさと山口県長門市にある元乃隅稲成神社は、今日も多くの観光客で賑わっていました。ほんの数年前まで、年間数千人だった観光客は、昨年100万人を超えました。

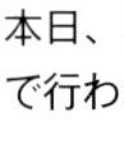

安倍晋三
@AbeShinzo　2018年9月1日

本日、9月1日は「防災の日」です。神奈川県川崎市で行われた防災訓練に、私も参加しました。

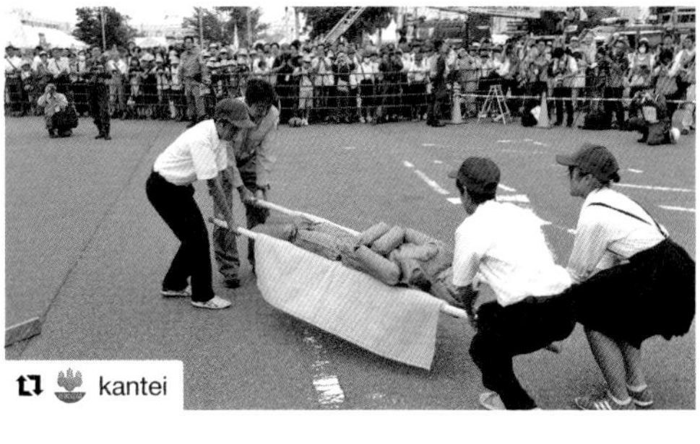

安倍晋三
@AbeShinzo　2018年9月9日

北海道の被災地では、多くの皆さんが、困難な避難所生活を送っておられます。本日も、燃料供給、水道復旧、電力の確保、万全の財政支援など、様々な要望をいただきました。こうした声に一つひとつ応えていく。先ほど関係閣僚会議を開催し現場主義を徹底し、全力で被災者支援にあたるよう指示しました。

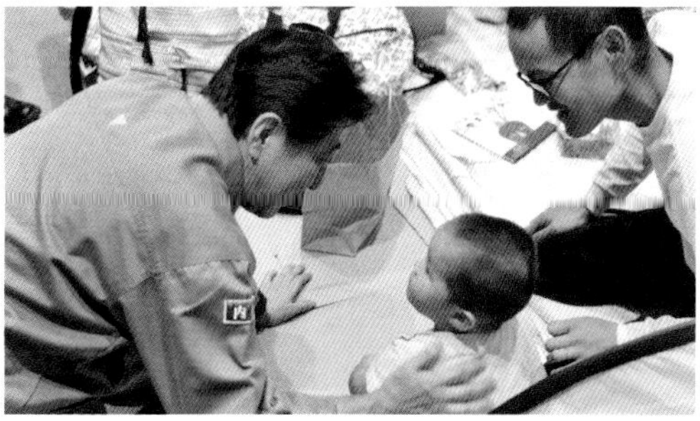

安倍晋三
@AbeShinzo　2018年9月13日

ウラジオストクから北に40km。戦後、旧ソ連に抑留されお亡くなりになった方々の御霊に、哀悼の誠を捧げました。

安倍晋三
@AbeShinzo　2018年9月24日

ニューヨークに到着し、さっそくトランプ大統領との夕食会です。当初1時間の予定でしたが、2時間半にわたって、本当にくつろいだ雰囲気の中、率直で建設的な話し合いができました。

安倍晋三
@AbeShinzo　2018年10月13日

今日は自衛隊の殉職隊員追悼式。国の存立を担う崇高な職務に殉ぜられた1,964柱の御霊の前で、謹んで、追悼の誠を捧げました。

安倍晋三
@AbeShinzo　2018年10月14日

今日は自衛隊の観閲式。私自身3度目となる式典に臨み、士気旺盛な雄姿を前に、最高指揮官として大いに心強く、改めて、身の引き締まる1日でした。この夏に相次いだ大規模災害の現場には必ず自衛隊員の姿がありました。国民の命と平和な暮らしは間違いなく彼らの献身的な努力によって守られています。

安倍晋三
@AbeShinzo　2018年10月17日

政府専用機でスペインのマドリードに到着しました。これから、フェリペ6世国王陛下との謁見後、サンチェス首相との首脳会談に臨みます。先ほど、機内にて、会談に向けた中身の最終確認を行いました。

安倍晋三
@AbeShinzo　2018年10月20日

集合写真の撮影には、カメラを搭載したドローンが突如登場し、私も、周りの首脳もびっくりしました(笑)

安倍晋三
@AbeShinzo　2018年10月28日

インド・モディ首相の来日を歓迎します。さっそく紅葉が美しい山中湖畔を案内させていただきました。この後、私の別荘にお招きして、二人だけで夕食を共にする予定です。

安倍晋三
@AbeShinzo 2018年11月16日

オーストラリアのダーウィンを訪問し、モリソン首相と共に、戦火に倒れたすべての戦没者に哀悼の誠を捧げました。

安倍晋三
@AbeShinzo 2018年11月28日

昨日まで、#アブドッラー国王陛下 が、2年ぶりに来日されました。5月の#ヨルダン 訪問以来、再びお目にかかれたことを大変嬉しく思います。

安倍晋三
@AbeShinzo 2018年12月3日

81名の移住者から始まったパラグアイの日系人社会は、80年以上の時を経て、大きな経済的な成功を成し遂げ、1万人を超えています。日本の総理大臣として初めてのパラグアイ訪問にあたり、子供たちが笑顔で出迎えてくれました。

安倍晋三
@AbeShinzo 2018年12月21日

昨日、大谷選手が日本プロスポーツ大賞を受賞されました。
メジャーでも二刀流で新人王。今後のさらなるご活躍を期待しています！

安倍晋三
@AbeShinzo 2018年12月23日

宮中に参内し、天皇陛下のお誕生日をお祝いする祝賀の儀、宴会の儀に参列いたしました。天皇皇后両陛下の御健勝と皇室の御繁栄を心からお祈りいたします。

安倍晋三
@AbeShinzo　2018年12月29日

年末年始はゴルフ、映画鑑賞、読書とゆっくり栄養補給したいと思います。
購入したのはこの三冊。

2019年

安倍晋三
@AbeShinzo　2019年1月10日

日本とオランダは、江戸時代から400年以上にわたる交流の歴史があります。ロッテルダムの船上で、ルッテ首相と会談を行い、G20大阪サミットに向けての協力を確認しました。

安倍晋三
@AbeShinzo　2019年1月23日

今年、日本でラグビーワールドカップが開催されます。英国に到着し、さっそくメイ首相 と、ラグビーの聖地とも呼ばれるトゥイッケナム・スタジアムを訪問しました。ちょうど子どもたちが試合中で、手に汗握る熱戦に大いに盛り上がりました。

安倍晋三
@AbeShinzo　2019年2月2日

東京の戸越銀座商店街にうかがい、キャッシュレス決済を体験しました。最初にコンビニでプリペイドカードを作ったんですが、店頭であっという間に出来上がり、近所の魚屋さんで刺身を買うのに使いました。本当に便利でした。

安倍晋三
@AbeShinzo　2019年3月17日

これから、平成最後の、伝統ある防衛大学校卒業式に参加します。毎年のことながら、大変身の引き締まる思いです。

安倍晋三
@AbeShinzo　2019年2月3日

１月は行く。２月は逃げる。と祖母はよく言っていたものでしたが、もう２月。いよいよ予算委員会も始まります。そこで一句。「鏡餅食べ終わる間に月が明け」

安倍晋三
@AbeShinzo　2019年3月31日

新入生・新入社員の皆さま、おめでとうございます。平成最後、そして、新しい時代の幕開けとなる、歴史的な節目の年にあたり、まさに、新たな人生のスタートを切ろうとする皆さんを、心より応援しています。新生活、頑張ってください。

安倍晋三
@AbeShinzo　2019年4月1日

本日、元号を改める政令を閣議決定いたしました。新しい元号は「令和」であります。これは、万葉集にある「初春の令月にして　気淑く風和ぎ　梅は鏡前の粉を披き　蘭は珮後の香を薫す」との文言から引用したものであります。

安倍晋三
@AbeShinzo　2019年4月20日

世界の主要国のリーダーたちが集まるG20サミットが、6月28日・29日に大阪で開催されます。期間の前後には大規模な交通規制も行われるため、大阪の皆さんにご理解とご協力をお願いしました。

安倍晋三
@AbeShinzo　2019年5月12日

TOKIOの皆さんと再会しました。福島 復興のために頑張ってくださっています。話に花が咲き、本当に楽しいひとときを過ごすことができました！

安倍晋三
@AbeShinzo 2019年5月24日

先日、映画「こんな夜更けにバナナかよ　愛しき実話」に出演された、大泉洋さんと高畑充希さんのお二人と、御一緒させていただく機会を得ました。

安倍晋三
@AbeShinzo 2019年5月26日

令和初の国賓としてお迎えしたトランプ大統領と千葉でゴルフです。新しい令和の時代も日米同盟をさらに揺るぎないものとしていきたいと考えています。

安倍晋三
@AbeShinzo 2019年5月27日

トランプ大統領ご夫妻が、一昨年に続き、拉致被害者のご家族の皆さんと面会してくださいました。被害者の写真を見つめながら、トランプ大統領が、ご家族の訴えに真剣に耳を傾けておられたのが印象的でした。そして、早期の帰国に向けた支援を改めて約束してくださいました。

安倍晋三
@AbeShinzo 2019年6月4日

いよいよ夏がやってきます。本日、全閣僚が「かりゆしウェア」を着用して閣議に臨みました。

安倍晋三
@AbeShinzo 2019年6月27日

関ジャニ∞の村上さんが、ラジオ番組の企画で、G20大阪サミットの取材にお越しになりました。村上さんの益々のご活躍をお祈りしています。

安倍晋三
@AbeShinzo 2019年6月28日

まもなくG20サミットが始まります。それに先立ち、先ほど、トランプ大統領、モディ首相と日米印3か国による首脳会談を行い、結束を確認しました。

安倍晋三
@AbeShinzo　2019年8月11日

中井貴一さんが総理大臣の役を演じると伺い、本日は、来月公開の映画「記憶にございません！」の試写会に参加させていただき、たくさん笑わせて頂きました。脚本、監督の三谷幸喜さんも駆けつけて頂き、制作のご苦労も伺いました。

安倍晋三
@AbeShinzo　2019年9月6日

先の大戦後、シベリア抑留によって数多の命が失われました。ウラジオストクでは毎年、その慰霊碑を訪問しています。遠い酷寒の地にあって、故郷を思い、家族の幸せを願いながら、お亡くなりになった方々。その尊い犠牲の上に、現在の平和があります。御霊に深く頭を垂れ、哀悼の誠を捧げました。

安倍晋三
@AbeShinzo　2019年10月13日

日本の平和と独立を守る。その志と使命感をもって、全身全霊を捧げて職務を遂行した隊員達。その尊い犠牲を無にすることなく、御遺志を受け継ぎ、国民の命と平和な暮らしを断固として守り抜く、そして、世界の平和と安定のために全力を尽くす。改めてそう、誓いました。

安倍晋三
@AbeShinzo　2019年11月10日

雲一つない穏やかな秋晴れの空の下、祝賀御列の儀が盛大に挙行されました。皇居から赤坂御所までの沿道に本当に多くの国民の皆様が集い、日の丸を片手に、晴れやかな笑顔で御列に手を振る姿に、大変感激いたしました。改めて、国民の皆様とともに、天皇陛下の御即位をお慶び申し上げます。

安倍晋三
@AbeShinzo　2019年12月27日

私は官邸で、毎日、福島産のお米を食べています。本日は、TOKIOの皆さんがくださった、DASH村で収穫された「ふくおとこ」をいただきました。甘みのある、本当においしいお米でした！ TOKIOの皆さん、ありがとうございました。

2020年

安倍晋三
@AbeShinzo　2020年4月12日

友達と会えない。飲み会もできない。
ただ、皆さんのこうした行動によって、多くの命が確実に救われています。そして、今この瞬間も、過酷を極める現場で奮闘して下さっている、医療従事者の皆さんの負担の軽減につながります。お一人お一人のご協力に、心より感謝申し上げます。

安倍晋三
@AbeShinzo　2020年8月28日

国民の皆様、8年近くにわたりまして、本当にありがとうございました。

安倍晋三
@AbeShinzo　2020年10月23日

昨日、産業遺産情報センターにて長崎県の端島（通称軍艦島）の元島民の皆様とお話しする機会を得ました。

2021年

安倍晋三
@AbeShinzo　2021年4月28日

今日のデザートはパイナップル。とっても美味しそう。

2022年

安倍晋三
@AbeShinzo　2022年6月14日

今日は母の94歳の誕生日。久々に三兄弟集まり昔話に花を咲かせました。

安倍総理
国政選挙６戦全勝！

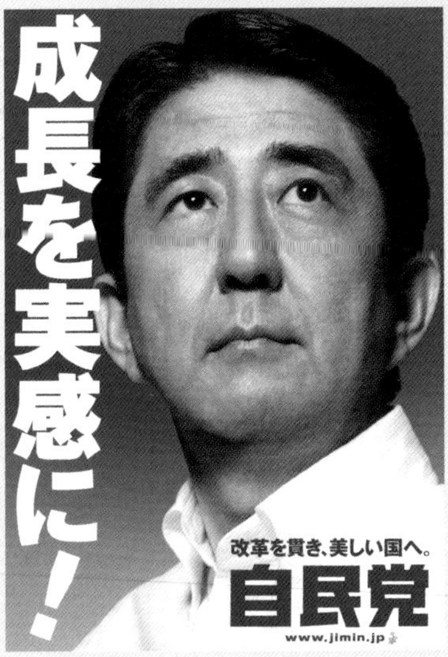

2007年

2012年

2012年

2013年

2014年

経済で、
結果を出す。
一億総活躍社会へ。
自民党
2015年

地方こそ、
成長の主役。
自民党
2015年

まっすぐ、景気回復。
実感を、その手に。
自民党
2014年

この道を。
力強く、前へ。
政治は国民のもの
自民党
2016年

この国を、守り抜く。
政治は国民のもの
自民党
2017年

日本の明日を
切り拓《ひら》く。
政治は国民のもの
自民党
2019年

安倍晋三67年の軌跡

年	月日	軌跡
1954年	9月21日	東京都内の病院で生まれる。父は安倍晋太郎、母は洋子。父方の祖父の寛は山口県選出の衆議院議員。母方の祖父は後に内閣総理大臣を務めた岸信介
1972年	3月	成蹊小学校を卒業。小学校高学年の一時期、晋三の家庭教師を当時、東京大学の学生だった衆議院議員、平沢勝栄（元復興大臣）が務めていた
1969年	3月	成蹊中学校・成蹊高校を卒業。高校時代は「地理研究部」に所属
1977年	3月	成蹊大学法学部政治学科卒業。大学時代はアーチェリー部に所属
1977 ～78年		渡米し、英語学校や南カリフォルニア大学に留学
1979年	4月	神戸製鋼所入社、ニューヨーク事務所や東京本社などで勤務
1982年		父・安倍晋太郎外相の秘書官に転身
1987年	6月9日	**森永製菓社長・松崎昭雄の長女・昭恵さんと結婚**。結婚式の媒酌人は福田赳夫夫妻
1991年	5月15日	父・晋太郎が膵臓がんにより、67歳で死去。前年に訪ソを予定していたが体調悪化で断念
1993年	7月18日	**父の地盤である山口1区を引き継ぎ、衆院選で初当選**。当選同期に岸田文雄、野田聖子、高市早苗など
1994年		自民党青年局の一員として訪台し、李登輝総統と面会
1997年	2月	議員連盟「日本の前途と歴史教育を考える若手議員の会」を設立。会長は中川昭一、事務局長は安倍晋三
2000年	7月	第2次森内閣で官房副長官

2001年		小泉内閣で官房副長官再任
2002年	9月17日	**小泉首相訪朝に同行。首相に「謝罪がなければ、日朝平壌宣言に署名すべきでない」と進言**
	12月	政治部門でベストドレッサー賞を受賞。「いつも私の服をチェックしてくれる妻が受賞したようなもの」とコメント
2003年	9月	党幹事長に就任
2004年		党改革推進本部長に就任
2005年	1月	NHKが特集番組を予定していた「女性国際戦犯法廷」に、中川昭一議員とともに圧力をかけたと朝日などが問題にするも、安倍、中川ともに否定。第三者機関が検証し9月に朝日は取材不十分を認めた
	10月	第3次小泉改造内閣で官房長官として初入閣
2006年	9月	**総裁選への出馬を表明。**憲法改正や教育改革、庶民増税を極力控えた財政健全化、小泉政権の聖域なき構造改革に引き続き取り組む方針を示して、**総裁に選出。戦後最年少、初の戦後生まれの内閣総理大臣となる**

2006年9月26日　第1次安倍内閣発足

「美しい国づくり内閣」「戦後レジームからの脱却」

2006年	10月	就任後初の外遊は中国。日中首脳会談
		日韓首脳会談
	11月	国家安全保障に関する官邸機能強化会議設置
	12月	**防衛庁設置法等改正（防衛庁・省昇格法）**
		教育基本法改正、60年ぶりの改正で、個人の尊厳の尊重に加え、「我が国と郷土を愛する態度を養う」ことが盛り込まれる

2007年	1月	日中韓首脳会議 
	3月	安全保障協力に関する日豪共同宣言
		「弾道ミサイル防衛システムを運用するための緊急対処要領」、閣議決定
	4月	日中ハイレベル経済対話発足
	5月	**日本国憲法の改正手続に関する法律（国民投票法）成立**
	6月	イラク復興支援特措法改正
		児童虐待防止法改正
		学校教育法・教育職員免許法改正
		日本年金機構法・国民年金法改正
		国家公務員法改正 
	7月	年金時効撤廃特例法成立
	7月29日	**第21回参議院議員選挙、歴史的大敗北も続投表明**
	8月	インド国会で演説
		第１次安倍改造内閣発足
	9月	**9月10日に所信表明演説をするも、12日に辞任の意向を表明** 
2008年	5月8日	中国の胡錦濤国家主席を囲む朝食会で、ウイグルとチベットの問題に触れ、外交問題化。「朝食会の席にふさわしくない問題かもしれませんが、中国との関係ではトップに直接話すことが極めて重要」とコメント

2009年	6月	東京で行われた日豪シンポジウムで、「価値観を共有する日米豪の枠組みにインドを加えた協力関係の拡大の重要性」と発言
2010年		故中川昭一氏が創立した「真・保守政策研究会」の会長に就任。2月に名称を「創生『日本』」と改める
	10月31日	訪台し、李登輝元総統と台北郊外の自宅で対面
2011年	3月11日	**東日本大震災が発生**。仙台の被災者が撮影した、物資を運ぶ姿が話題に

2012年	9月26日	**自民党総裁選挙で勝利、総裁に就任**。故三宅久之さん、金美齢さん、平川祐弘さんなどを中心に「安倍晋三総理大臣を求める民間人有志の会」を結成、国会外からの強力な後押しがあった
	12月16日	第46回衆議院議員総選挙で自民党が圧勝し、政権与党に復帰
	12月26日	**第96代内閣総理大臣に選出される**

2012年12月26日　第２次安倍内閣発足

「危機突破内閣」

2012年	12月	**「セキュリティダイヤモンド構想」英語論文を発表**
2013年	2月	日米首脳会談（ワシントン）
	3月	TPP交渉参加表明
	4月	NATOとの共同政治宣言に署名
		日露首脳会談（モスクワ）
		日銀・黒田バズーカと呼ばれる異次元の金融緩和
	7月21日	**第23回参議院議員選挙、自民党勝利**

	9月	**2020年東京オリンピック招致決定**
	12月	**安全保障会議が「国家安全保障会議」に再編**
		特定秘密保護法成立
	12月26日	**安倍総理、靖國神社参拝**
2014年	3月	高度人材永住権資格に関する出入国管理法改正を閣議決定
	4月	消費税8％に引き上げ
		日米首脳会談（東京）
	5月	**内閣人事局設置**
	6月	河野談話作成過程等に関する検討チーム、検討結果を公表
	7月1日	**臨時閣議で「集団的自衛権」容認の方針を決定**

「実行実現内閣」

	9月	**第２次安倍改造内閣発足**
	10月	日銀・黒田バズーカ、2回目
	12月14日	**第47回衆議院議員選挙、与党が３分の２の議席維持**
	12月	**第３次安倍内閣発足**
2015年	4月	**米上下両院合同会議で安倍総理が演説**
	6月	公職選挙法改正、18歳選挙権
	8月	**戦後70年安倍総理談話発表**
	9月	自民党総裁選、安倍総理が無投票3選

		集団的自衛権行使容認を含む安全保障関連法成立
	10月	防衛装備庁発足

「一億総活躍内閣」

		第３次安倍改造内閣発足
	12月	**日韓合意、慰安婦問題で10億円拠出**
2016年	2月	北朝鮮ミサイル発射に対し、抗議決議を全会一致で可決
		TPP 締結署名式
	3月	外国人労働者受け入れに関する議論開始
	5月26日	**伊勢志摩サミット**
	5月27日	**オバマ大統領が広島・平和記念公園を訪問**
	7月10日	**第24回参議院議員選挙。18歳選挙権施行後初の選挙、自民党大勝改憲勢力が衆参で３分の２超え**

	8月	**第３次安倍再改造内閣発足**
	8月8日	天皇陛下が「お気持ち」表明、退位のご意向
	10月	自民党政治制度改革実行本部総会で総裁任期が「連続3期9年」に
	11月	**安倍総理、大統領就任前のトランプ氏と異例の会談**
	12月	**日露首脳会談、プーチン大統領が山口県長門市へ**

	12月27日	**日米首脳会談・安倍総理がオバマ大統領と真珠湾、国立太平洋記念墓地、アリゾナ記念館訪問**
2017年	1月	トランプ大統領就任
		釜山日本総領事館前に慰安婦像設置に抗議し、駐韓大使を召還
	2月	**森友学園問題が報じられる**
		トランプ大統領就任後初の日米首脳会談
	3月	欧州歴訪。メルケル独首相と会談
		加計学園問題が報じられる
	5月3日	**総理が9条改正による自衛隊明記、2020年までの改憲に意欲表明**
	6月	天皇の退位を一代に限り認める特例法が成立
		テロ等準備罪を創設する改正組織犯罪処罰法成立

新学部「総理の意向」
加計学園計画
文科省に記録文書
内閣府、早期対応求める
大学同級生

「仕事人内閣」

	8月	**第3次安倍第3次改造内閣発足**
	9月20日	ニューヨーク証券取引所で講演
		第72回国連総会で演説
	10月22日	**第48回衆議院議員選挙、自民党が単独過半数の議席、与党3分の2以上の議席を維持**
	11月	**第4次安倍内閣発足**
	11月3日	国際女性会議WAW!特別イベントでスピーチ
2018年	3月	森友学園問題関連で国税庁の佐川宣寿長官が辞任

		防衛大学校卒業式で訓示

	4月	板門店で南北首脳会談
	6月	米朝首脳会談
	7月17日	**日欧EPA調印**
	9月20日	自民党総裁選で勝利し、連続3選を果たす
	10月	**第4次安倍第1次改造内閣発足**
	11月14日	日露首脳会談。プーチン大統領と「平和条約」締結交渉加速で合意
2019年	1月22日	安倍晋三総理が訪露し、日露首脳会談。
	2月4日	独メルケル首相が来日。日独首脳会談
	2月24日	政府主催の天皇陛下在位30年記念式典開催

	4月1日	**新元号が「令和」と発表される。** これまで元号は中国の古典から採用されていたが、初めて日本の国書「万葉集」が典拠に

	4月30日	**天皇陛下が退位**
	5月1日	**皇太子徳仁親王が即位し、「令和元年」が始まる**
	5月25日	トランプ大統領が来日、国賓待遇で、大相撲観戦などを行い、即位直後の両陛下にも会見
	7月21日	第25回参議院議員選挙、自公で過半数を獲得
	8月	韓国向け輸出管理の見直し（ホワイト国外し）を閣議決定
	9月11日	**第4次安倍第2次改造内閣が発足**

	10月1日	消費税が10%に引き上げられる
	11月20日	**首相通算在職日数が2887日となり、歴代最長に**
2020年	1月	日米安保条約締結から60年
	2月	**新型コロナウイルス感染症が流行し始める** 
	2月27日	コロナ感染拡大防止のため、3月2日から春休みまでの小中高校一斉臨時休校を要請
	3月5日	国賓として4月に招待する予定だった中国・習近平国家主席の来日延期を発表
	3月24日	「東京2020オリンピック・パラリンピック」の1年程度の延期決定。3月30日には2021年夏に延期されることが決まる
	4月7日	東京、神奈川、埼玉、千葉、大阪、兵庫、福岡の7都府県に緊急事態宣言を発出、4月16日に対象を全国に拡大
	8月24日	連続在職日数が2799日となり、歴代最長に
	8月28日	**持病の潰瘍性大腸炎の悪化を理由に総理辞任を表明** 
	9月16日	**14日の自民党総裁選で菅義偉が総裁に選出され、安倍内閣総辞職。在職日数は通算3188日で史上最長となった**
	9月19日	靖國神社へ7年ぶりに参拝
2021年	1月	インド政府より「パドマ・ビブシャン」(Padma Vibhushan)賞を授与される
	3月	アメリカの財団「Appeal of Conscience Foundation」が「世界の政治家」に選出

	9月	自らの公式YouTubeチャンネル「あべ晋三チャンネル」を開設 
	11月	**自民党最大派閥の細田派の新会長となり、「安倍派」が発足**
2022年	2月	ロシアのウクライナ侵攻を受け「日本も核共有議論が必要」と発言
	7月8日	**参議院選挙のため奈良市内で候補者応援演説を開始した直後、山上徹也に後ろから改造銃で銃撃され、当日17時3分に死亡が確認される。享年67** 
	7月11日	日本政府が安倍元総理を従一位に叙し「大勲位菊花章頸飾」授与を決定
	7月12日	**都内の増上寺で家族葬が営まれる**
	8月31日	オーストラリア連邦総督が安倍元総理に名誉勲章を授与すると発表
	9月27日	**日本武道館にて国葬が行われる。**参列者は4183人。海外からは218の国や地域、国際機関の代表者約700人が参列。アメリカのカマラ・ハリス副大統領、オーストラリアのアンソニー・アルバニージー首相、インドのナレンドラ・モディ首相、シンガポールのリー・シェンロン首相のほか、親交のあったイギリスのテリーザ・メイ元首相やフランスのニコラ・サルコジ元大統領らも参列。皇族方からは秋篠宮ご夫妻ら7人が参列され、天皇皇后両陛下と上皇ご夫妻は、慣例に従って使者を派遣された。また会場近くの九段坂公園に設けられた一般向けの献花会場では2万5889人が献花した

安倍晋三 MEMORIAL

2022年11月 7 日　第1刷発行
2022年11月19日　第2刷発行

著者　『月刊 Hanada』編集部

発行者　花田紀凱

編集部　川島龍太／沼尻裕兵
野中秀哉／佐藤佑樹／小島将輝

発行所　株式会社　飛鳥新社
〒101-0003
東京都千代田区一ツ橋2-4-3　光文恒産ビル
電話　03-3263-7770（営業）
03-3263-5726（編集）
http://www.asukashinsha.co.jp

デザイン・組版・装幀　DOT STUDIO　菊池崇／櫻井淳志

写真提供　安倍昭恵
共同通信社／時事通信社／朝日新聞社／産経新聞社
読売新聞社／毎日新聞社／ Getty Images ／アフロ

撮影協力　今井一詞

編集協力　宮城晴昭／河井案里／西川清史
瀬戸内みなみ／小森敦己／梶原麻衣子

印刷・製本　中央精版印刷株式会社

©Asukashinsha 2022 , Printed in Japan
ISBN 978-4-86410-927-7

落丁・乱丁の場合は送料当方負担でお取替えいたします。小社営業部宛にお送り下さい。
本書の無断複写、複製、転載を禁じます。